초등
학급운영
어떻게
할까?

초등참사랑 이영근 선생님의
행복한 교실 만들기

초등
학급 운영
어떻게
할까?

이영근 글

보리

우리 반 학급운영의
빛깔은 뭘까?

선생으로 사는 길은 어렵습니다.

'첫날 첫 만남에 무엇을 하지?'

'칭찬이 마음에 오래 남으려면 뭐가 좋을까?'

'오늘 ○○랑 한마디도 못 했구나.'

작은 고민과 반성부터 시작됩니다.

'참삶을 가꾸는 학급살이는 무엇일까?'

'어떻게 살아야 아이들이 행복할 수 있을까?'

'행복한 학생, 교사, 학부모는 가능할까?'

우리 나라 교육 담론까지 늘 고민하고 생각하는 자리입니다.

교실에서 아이들과 사는 순간순간이 다 고민입니다. 이런 고민들에, '이건 이거다.' 할 수 있는 해결 방법도 없습니다. 아이들 성격, 가정환경, 교육 여건이 다르니 어떤 한 가지 방법으로 이런 고민을 다 풀어줄 수 없습니다. 학생들과 교실에서 이뤄지는 모든 만남과 학급운영은 교실마다 서로 다를 수밖에 없습니다.

학급운영의 바탕은 아이들을 사랑하는 마음입니다. 그 마음, 아이들을 사랑하는 선생이 되고픈 소망이 제 마음 가득 자리매김하는 데에는 시간이 꽤 오래 걸렸습니다. 교육대학을 갈 때 부모님의 바람으로 마지못해 들어갔습니다. 대학에 가서도 선생보다는 다른 일자리를 알아보곤 했습니다. 그러니 대학 때 제 모습은 그저 '정말 잘 노는 놈' 그 자체였습니다.

교육대학 4학년 겨울, 선생이 아닌 다른 일을 생각하던 저는 남들 임용시험 공부할 때 혼자 무전여행을 떠났습니다. 무전여행이기에 먹고 잘 곳으로 대학 선배가 근무하는 학교에 갔습니다. 선배는 덕유산 자락 자그마한 학교, 눈 쌓인 운동장에서 자연을 닮은 아이들과 축구를 하고 있었습니다. 허름한 체육복을 입고 아이들과 공을 차며 어울리는 모습을 보면서 '아, 선배 모습 참 좋다. 선생님이 저렇게 아이들과 함께 지낼 수도 있구나.' 하는 생각이 들었습니다.

운동장에서 축구를 마친 선배는 손 시린 아이들을 사택으로 데리고 가서 라면을 끓여 주었습니다. 함께 어울려 노는 선배와 아이들, 그 모습이 참 좋았습니다. 제 마음에 처음으로 선생을 하고 싶다는 생각이 들었습니다. '아이들이 사랑하고 아이들을 사랑하는 선생이 되자.'는 작은 소망이 생겼습니다.

다음 날 저는 무전여행을 그만두고 돌아와 임용시험 준비를 했습니다. 며칠 공부한다고 되는 시험이 아니기에 당연히 떨어졌습니다. 지금 돌아보면 떨어지길 잘했다 싶기도 합니다. 세 번째 임용시험에서 드디어 합격했습니다. 세 번째 시험을 준비하며 선생을 하고픈 마음이 간절했습니다.

시험에 합격하고서도 바로 발령이 나지 않아, 한 해 동안 기다려야 했습니다. 발령을 기다리는데 덜컥 겁이 났습니다. 그저 선배 모습만 마음에 담았을 뿐, 선생이 되기 위한 준비가 전혀 되어 있지 않았으니까요. 그래서 무작정 책을 봤습니다. 그때 많은 도움을 받은 책들이 보리출판사에서 나온 〈살아 있는 교육〉 시리즈였습니다. 이호철, 윤태규, 서정오 선생님 책을 보며 아이들과 글쓰기를 하고, 그림 그리고 일기 쓰며 옛이야기 들려주는 제 모습을 머릿속에 그렸습니다. 그때서야 조금 마음이 놓였습니다.

1999년 3월 군포 도장초등학교에 첫 발령을 받았습니다. 6학년 담임으로 시작해 여러 해 선생을 하며 나름 열심히 살았습니다. 학급에서 실천한 자료는 초등참사랑(http://chocham.com) 누리집에 올려 많은 선생님들과 경험을 나눴습니다. 곧 저에게는 '초등참사랑 이영근'이라는 소개말이 붙었습니다. 많은 선생님들이 초등참사랑을 이용하고 알게 되면서 이름이 더 알려졌습니다.

저도 모르게 '잘하고 있다'는 착각에 빠져 거만했던 때였지 싶습니다. '선생이 무엇을 해야 하고, 어떻게 생각해야 하는지'도 모르면서 말입니다.

그러다가 선생 일을 시작한 지 6년째인 2004년에 한국글쓰기교육연구회(아래부터 글쓰기회)를 만났습니다. 그때부터 지금까지 글쓰기회 모임에서 '참삶을 가꾸는 글쓰기 교육'을 공부하고 있습니다. 그러면서 '참삶'을 배웠습니다.

배웠다기보다 보았다는 말이 더 맞을 것 같습니다. 글쓰기회 선생님들이 사는 모습에서 '참삶'을 보았습니다. 그 삶을 따르고자 우리 반에서 해 오던 활동을 하나씩 곱씹어 보았습니다. 어떤 것은 다듬고, 또 어떤 것은 새롭게 하거나 버리기도 했습니다.

교실에서 학생들의 참삶을 가꾸려니 제 삶도 가꿔야 했습니다. '참'과는 거리가 멀던 제 삶을 하나하나 다듬기 시작했습니다. 학교 오가는 길에 거울만 보이면 웃는 연습을 하면서 잘 웃지 않던 얼굴 표정을 바꿔 보려고 했습니다. 교실에서 하는 말 한마디, 행동거지 하나도 다듬고 고쳤습니다. 허투루 살아온 시간이 길기에 바로잡기에는 긴 시간이 필요했습니다.

"네 눈빛이 엄청 착해졌다."

스무 해가 지나 만난 대학 동기 여럿이 저에게 해 준 말입니다. 대학 다닐 때는 눈빛이며 찌푸린 인상이 무서웠다고 합니다. '선생'을 하면서 '참삶'을 가꾸기 위한 노력을 했기에, 지금처럼 웃어서 생긴 주름진 얼굴이 될 수 있었습니다.

학급운영에 대한 책을 내자는 말은 초등참사랑이 알려질 때부터 여러 차례 있었습니다. 둘레 선생님들도 학급운영 책을 내 보라고 많이들 권했습니다.

그때마다, "아직 멀었습니다." 하면서 마다했습니다. 학급운영을 제대로 하지 못하고 있다는 생각에 엄두가 나지 않았습니다. 그러던 제가 이렇게 학급운영 책을 세상에 내보입니다. 아직은 많이 모자라지만 초등 교실을 함께 가꾸고 있는 동료, 후배, 예비 교사들에게 조금이라도 힘이 되고 싶은 마음으로 우리 반, 참사랑땀 반에서 했던 고민과 실천을 책으로 담았습니다.

이 책은 선생님들께 '학급운영은 왜 해야 하고, 어떻게 해야 하는지'를 말하고 있습니다. 특히, 학급운영에 어려움을 겪는 많은 선생님들에게는 다양한 사례가 도움을 드릴 수 있을 것입니다. 나름대로 학급운영을 하면서도 '우리 반 학급운영의 빛깔은 뭘까?' 하고 고민하시던 선생님들께는 이 책이 우리 반 학급운영의 틀을 잡는 데 본보기가 될 수 있을 것입니다.

학교에 갈 때마다 학생들 마음에 '아, 학교 가고 싶다!' 하는 생각으로 설렘이 가득하길 바랍니다. 학부모들이 선생님을 교육 전문가로 믿고, 우리 반 학급운영을 인정하며 함께하길 바라는 마음으로 하루하루를 삽니다. 학생, 학부모 모두 행복하길 바랍니다. 이 행복 위에서 영근 샘도 행복하고 싶습니다.

행복한 참사랑땀 반을 위해 오늘도 우리 반은 걷습니다.

고마운 사람들이 생각납니다.

'선생 해야지.' 하는 마음이 들게 해 준 노정우 선배님께 고맙습니다. 임용고시 공부하라며 자기 방을 내준 제창수, 박수남 후배님, 고맙습니다.

함께 공부 모임하며 늘 제 삶을 지탱해 준 서울경기글쓰기교육연구회, 초등토론교육연구회 선생님들도 고맙습니다.

늘 참과 거짓을 몸으로 보여 주시며 선생으로 사는 길에 힘이 되어 주신 윤구병 선생님, 고맙습니다.

참사랑땀의 정신으로 다사랑 반을 꾸리고, 함께 공부하는 교육자이자 부인인 김정순 선생님, 사랑합니다. 딸 수민이, 아들 희문이도 사랑합니다. 그리고 저를 선생으로 만들어 주신 우리 아버지, 어머니께 큰절 올립니다.

아이들이 사랑하고 아이들을 사랑하는 선생님이 되고픈 저와 함께 삶을 가꾸는 참사랑땀 반 우리 제자들에게 고마움과 함께 "사랑해." 하고 검지 손가락을 내밉니다.

2016년 3월
이영근

3장 삶을 가꾸는 글쓰기

4장 빛깔 있는 다양한 학급운영

5장 몸으로 배우는 공부

6장 학부모와 함께하는 학급운영

학급운영 바탕 다지기

1장

학급운영의 바탕

1. 학급운영이란?

학급운영이란, 학생의 학습과 생활지도를 위한 기본 구성단위인 학급에서, 교육목표를 효율적으로 달성하기 위해 교육 관련 변수들을 조정하고 관리하는 활동이다. 말이 한눈에 쏙 들어오지 않는다. 조금 어렵기도 하다. 하나씩 따져 보자.

학생이란 말이 가장 먼저 눈에 띈다. 바로 우리 반에 있는 아이들이다. 학습은 공부하는 시간이고, 생활지도는 공부를 뺀 나머지 모든 활동들이 될 것이다. 이처럼 학급운영은 우리 아이들의 공부와 그 밖에 교실에서 일어나는 모든 일들을 그 대상으로 하고 있다.

학급의 교육목표는 아이들과 어떻게 살 것인가를 나름대로 정의 내리는 것이다. 학급운영에는 여러 변수들이 생긴다. 학부모, 동료 교사, 관리자, 여러 시설, 학생들의 가정환경, 학생 수 같은 것들이다. 이 변수들이 아이들과 제대로 사는 데 매우 중요하긴 하나 그것들을 관리하고 이끌어 갈 수 있는 사람은 결국 교사 자신이다. 교사가 바로 서야 학급운영도 잘 이루어질 수 있다. 학급운영을 제대로 하기 위해서 가장 기본으로 다져야 할 세 가지가 있다.

꾸준함

학급운영은 열심히 해도 표가 잘 나지 않는다. 그렇기 때문에 한결 같이 지켜 나가는 것이 쉽지 않다. 꾸준하게 할 수 있는 가장 쉬운 방법은 학생들과 약속을 하는 것이다. "얘들아, 우리 날마다 일기 쓰기 할 거야." 이 한마디가 곧 교사 자신에게 하는 약속도 되기 때문이다. 학생들에게 일기와 같은 여러 교육 활동의 필요성을 알려 줄 수 있는 가장 좋은 방법도 꾸준하게 실천하는 모습이다.

우리 반 학생들은 날마다 일기를 쓴다. 그만큼 일기 쓰기가 아이들의 삶을 가꾸는 데 좋은 방법이기 때문이다. 학생들에게 일기 쓰기가 좋다고 그냥 한 번 이야기하는 것으로 그쳐서는 안 된다. 아이들 일기를 날마다 챙겨 보고, 일기의 좋은 점도 끈기 있게 말해 줘야 한다.

선생으로 살면서 학생들과 꾸준하게 여러 가지 활동을 하다 보면 좋은 점들이 많다. 2004년, 한 선생님이 아침마다 여섯 시 반이면 학생들을 데리고 산에 가는 모습을 보았다. 그 모습을 보고 우리 반 아이들과 함께 아침에 산에 오르는 활동인 '아침햇살'을 시작했다. 2004년에 시작한 아침햇살은 지금까지 계속 이어지고 있다.

교실에서 학생들과 기타 치면서 노래하는 것도 마찬가지다. 선생을 시작하고 처음에는 반 아이들과 기타 치면서 노래하는 시간을 많이 가졌다. 그러다가 다른 활동을 한답시고 바빠서 기타를 손에서 놓았다. 나중에 옛 제자들과 만나는 자리에서, "선생님, 그때 기타 생각이 많이 나요." 하는 말을 듣고는 다시 기타를 치기 시작했다. 그리고 지금까지 아이들과 교실에서 따뜻한 노래를 부르며 지내고 있다. 이처럼 학생들과 함께하는 활동을 꾸준하게 잊지 않고 해내는 것이 학급운영에서 가장 중요한 점이다.

함께 하기

선생님이 시키는 대로 끌려오는 것이 아니라, 학생들이 주인이 되어 선생님과, 친구들과 함께 만들어 가는 학급이 되어야 한다. 학생들과 함께 할 수 있는 학급운영에는 어떤 것들이 있을까?

가장 먼저 학급회의를 들 수 있다. 우리 반 이야기를 학생들 스스로 나눌 수 있는 회의 시간이 10분이든 1시간이든 꼭 필요하다고 생각한다. 교실에서는 여러 문제들이 생긴다. 지금까지는 그런 문제들을 선생님들이 하나하나 해결해 주는 것이 보통이었다. 하지만 학생들 스스로 문제 해결 방법을 찾아야 한다고 생각한다. 어떤 문제가 생겼을 때, "이걸 어떻게 해결하면 좋겠니?" 하고 말 한마디 던지면서 아이들 스스로 문제를 풀 수 있도록 이끌어 주어야 한다.

학급에서는 이런저런 활동을 많이 한다. 여러 활동을 어떻게 꾸려 갈지 선생님 머릿속에 다 들어 있더라도 아이들에게, "무엇을 하면 좋겠니?" 하고 먼저 물어보는 것이 필요하다. 예를 들어 수학여행을 갈 때 학생들은 누구와 같은 방을 쓰고, 누구와 버스에 같이 타고, 누구와 모둠을 지어서 활동하는지 궁금해한다. 이런 것들도 학생들과 함께 정하면 좋겠다.

학부모와 함께 하는 것도 필요하다. 학부모들이 부담스러울 때도 있지만 먼발치에만 두어서는 안 된다. 선생님이 학생들과 지내는 삶을 편지로 쓰고, 문자도 보내고, '카톡' 같은 에스엔에스(SNS)를 써서 알려 드려야 한다. 아버지 모임처럼 학부모와 계속 이야기 나눌 수 있는 자리를 마련하는 것도 중요하다.

우리 반만의 빛깔 내기

우리 반만의 빛깔을 살리는 학급운영은 학생과 교사의 행복과 연결된다. 그렇다고 다른 반과 경쟁을 하라는 것은 아니다. 서로 다른 빛깔을 인정하되 우리 반에서만 할 수 있는 일들을 아이들과 만들어 가자는 이야기다.

우리 반은 문집을 만든다. 아마 따로 만들지 않는 반들이 더 많을 것이다. 문집을 엮기 위해서 아이들 글을 모으고, 고르고, 편집하는 과정이 쉽지만은 않다. 그렇지만 교사나 학생 모두에게 큰 행복을 안겨 주는 학급운영이기도 하다. 만일 문집을 만들지 못하게 된다면 그 행복을 잃게 되는 것과 다르지 않다.

학급운영을 할 때 경력이 많은 교사와는 달리 경력이 얼마 안 되는 교사들은 다양한 경험을 바탕으로 자기 교실만의 빛깔을 살려 내기가 쉽지 않다. 그래서 여러 가지 활동을 시도해 보게 된다. 그것을 가끔 백화점식 학급운영이라면서 낮춰 말하기도 한다. 하지만 때에 따라서 백화점식 학급운영도 필요하다고 본다. 선생님에게 맞고, 반 실정에 맞는 학급운영의 틀을 만들어 가려면 많은 경험치가 필요하기 때문이다.

우리 반의 특징을 드러내는 활동 이름도 있으면 좋다. '아침햇살'

'글똥누기' '나들이'가 그런 예다. 우리 반에서만 쓰는 이름이 있으면 학생들은 그 활동을 더 열심히 하게 된다. 이런 이름을 만들 때는 쉽고 고운 우리 말로 하면 좋겠다.

2. 교사의 교육관

학급 교육목표에서 가장 바탕이 되는 것은 무엇일까? 바로 교사의 교육관이다. 선생님들마다 '나는 어떤 선생이 되고 싶다, 우리 반은 어떠했으면 좋겠다' 같은 교육관이 있을 것이다. 나 또한 교육관이 있다. '아이들이 사랑하고 아이들을 사랑하는 선생님이 되자.'이다. 교육관은 선생으로서 어떻게 살 것인가에 굉장히 중요한 잣대가 된다.

교실에서 아이들과 지낼 때 걸림돌이 많다. 학교에서 교사의 교육관과 다른 무엇을 하라고 요구할 때가 특히 그렇다. 예전에 근무하던 학교에서 일주일에 두 번 영어 아침자습을 하라는 지시가 떨어졌다. 모두 같은 교육을 하라고 강제하는 것은 바람직하지 않고, 교사가 자기 교육관에 따라서 선택할 수 있어야 한다고 생각했다. 우리 반은 아침자습으로 늘 해 오던 것이 있었기 때문에 영어 아침 자습을 할 수 없었다. 학교 관리자를 찾아가서 우리 반 교육과정과 아침자습 계획서를 보여 드리며 그런 뜻을 밝혔다. 그 뒤에 우리 반은 지금까지 해 오던 것을 계속 지켜 갈 수 있었다.

한번은 모 방송사의 한 프로그램에 우리 반 모습이 나온 적이 있다. 1학년 아이들과 같이 '내 똥꼬(박진하 시, 백창우 곡)' 노래를 기타 반주에 맞춰 불렀는데 방송 다음 날 학교에 민원이 들어왔다. 1학년 아이들과 교실에서 똥 노래를 불렀다고 말이다. 학교에서는 앞으로 똥과 연관된 수업 활동을 하지 않으면 좋겠다고 권고했지만 받아들일 수 없었다. 교실에서 똥 이야기를 하면 안 된다는 말에 동의할 수 없었기 때문이다. 다시 민원이 들어오면 직접 이야기를 나누겠다고 했다. 다행히 더 이상 민원은 없었고, 학교에서도 성급한 판단이었음을 인정하는 것으로 끝날 수 있었다. 이처럼 교사의 교육관은 학생들이 교실에서 무엇을 배울 수 있느냐와 바로 연결되는 부분이다. 그렇기 때문에 교사 스스로 자기 교육관을 바로 세우고 가다듬는 일을 중요하게 여겨야 한다.

3. 우리 반 학급운영 기둥 세우기

학급운영을 제대로 하려면 바탕이 든든해야 한다. 집에 견준다면 터닦기와 기둥 세우기라고 할 수 있다. 교사가 마음에 담고 있는 뚜렷한 교육철학과 학생관은 학급운영의 밑바탕을 다지는 데 중요한 밑거름이 된다.

우리 반 이름은 '참사랑땀' 반이다. 반 이름에서 드러나듯 '참, 사랑, 땀' 정신을 바탕으로 학급을 꾸려 가고 있다. '참, 사랑, 땀'은 이호철 선생님이 쓴 《살아 있는 교실》(이호철, 보리)에 나오는 이야기다. 이호철 선생님이 먼저 실천했던 내용을 바탕 삼아 참, 사랑, 땀 정신을 우리 반만의 빛깔로 살려 내고 있다.

참

'참'이란 말은 제대로 사는 것이다. 학급운영에 있어 학생들의 행복, 그것 이상 참이 어디 있겠는가? 그렇기에 '참교육' '참살이' '참삶' 정신이 우리 반 학급살이에서 묻어나도록 애쓰고 있다.

자기 점수만 높이기 위해 애쓰기보다 함께 배움을 나누는 교실, 아스팔트와 인공 건물에 둘러싸인 우리 아이들에게 자연을 느낄 수 있는 기회와 시간을 주는 노력, 재료를 준비해 직접 만들어 먹는 음식과 제철 과일 나눠 먹기, 학생들 스스로 생활 규칙 만들기와 학급에서 생기는 문제 해결하기, 하루하루를 글로 남기며 삶을 가꾸어 나가는 글쓰기 들은 참사랑땀 교실에서 '참'으로 살기 위한 모습이다.

사랑

사랑하는 마음도 필요하다. 요즘같이 돈과 출세에 눈먼 세상에서는 남을 돌아보지 못하기 쉽다. 어느 대학생 대상 통계에서는 취업 준비를 할 때 다른 사람과 정보를 나누지 않겠다는 학생이 절반을 넘는다고 한다. 이렇듯 요즘 아이들은 자기 욕심을 위해 다른 사람들과 어울리지 않고, 저 혼자만 잘 살려고 한다.

이게 어찌 우리 아이들 탓이겠는가? 자기보다 힘없고 약한 사람들에게 강한 모습을 보이는 어른들, 이웃을 잃어버린 집과 마을, 돈이 지배하는 삶, 오로지 자기 성공에만 집착하는 모습들을 집, 학교, 사회에서 어른들에게 보고 배우는 것이다.

그래서 아이들에게 자주 이야기를 해 준다.

"나를 사랑하는 사람이 되자. 옆에 있는 짝을 소중히 만나고, 반 친구들과 함께 어울리자. 사회에도 관심을 갖자. 특히 나보다 못한 사람이 도움을 바랄 때는 손을 내밀자. 함께 사랑하며 살자."

교실에서 서로의 생일을 축하하고, 모둠이 함께하는 여러 활동을 꾸리고, 장애 체험이나 자연체험을 자주 하는 것도 사랑을 나누고 실천하는 과정이다.

땀

학생들이 하는 놀이를 자주 살핀다. 아이들은 놀이를 좋아한다. 그런데 놀이를 할 수 있는 공간과 시간이 없다. 그러니 컴퓨터나 스마트폰으로 논다. 운동장에서 놀기 싫어서가 아니다. 운동장에 나가도 같이 놀 친구들이 없다. 이런 아이들에게 학교에서라도 친구들과 함께 땀 흘리며 놀 수 있는 시간을 많이 줘야 한다. 컴퓨터나 스마트폰에 빠진 아이들을 놀이로 끌어들여야 한다. 혼자가 아닌 여럿이 함께 어울리며 놀 때 아이들은 건강하게 자랄 수 있다.

또, 우리 아이들은 일할 시간이 없다. 집에서는 '공부해라, 위험하다.'는 까닭으로 일을 시키지 않는다. 교실에서 학생들이 청소하는 모습을 보면 6학년인데도 비질을 제대로 하지 못한다. 그냥 앞뒤로 몇 번 왔다 갔다 하다가 빗자루를 정리하지 않고 그 자리에 둘 때가 많다. 걸레질은 손가락 두 개로 걸레 끝을 잡고서 빙글빙글 돌리고 만다. 걸레를 빨 때도 두 손으로 꽉 움켜잡고 짜지 못한다. 연필이나 과일도 깎아 본 적이 없으니 갈수록 우리 아이들에게 '일'은 남이 하는 것이 되고 있다.

일을 잃어 가는 아이들에게 일하는 즐거움을 느끼게 해야 한다. 어른들은 아이들이 일을 싫어한다고 생각하지만 그렇지 않은 모습을 자주 본다. 집에서 웃으며 설거지하는 딸의 모습, 교실에서 엉덩이를 바닥에 깔고 즐겁게 걸레질하는 학생들 모습에서도 일을 즐기는 아이들 마음을 엿볼 수 있다. 이런 아이들에게 걸레질하는 방법을 제대로 알려 주면 야무지게 해낸다. 빼빼로 데이 대안 활동으로 연필 깎기를 하면 처음엔 힘들어하다가도 나중엔 집중해서 잘한다. 학교 텃밭에 하루에도 몇 번씩 가서 풀도 뽑고 물을 주며 정성을 쏟는다. 아이들은 놀이하듯이 일을 한다.

'참, 사랑, 땀'은 우리 반 학급운영의 바탕이자 기둥이다. 그래서 처음 선생을 시작한 1999년부터, 맡고 있는 반에 학교에서 정한 이름과 별도로 '참사랑땀 반'이라는 이름을 붙이고 있다. 참사랑땀 반에서는 수업을 마치고 헤어질 때 인사말도 '참사랑땀'으로 한다. 그러면서 선생님도 학생도 참, 사랑, 땀 정신을 늘 마음에 새기고자 한다.

첫 만남

1. 첫 만남 준비

3월 첫 만남, '어떤 옷을 입지?' '무슨 말을 하지?' '무엇을 하지?' 하는 생각에 고민이 많다. 한 해 동안 함께 삶을 가꾸어 갈 학생들을 만나는 날이 마음 설레고 기쁘면서도 만만치 않은 준비가 뒤따른다.

마음 가다듬기

먼저 마음을 가다듬는다. 주로 2월 마지막 주에 차분한 시간을 보내면서 어떻게 아이들과 살아갈지 생각해 본다. 같은 선생을 하고 있는 아내와 함께 지난 한 해 아쉬웠던 일을 서로 이야기 나누면서 '더 잘해야지.' 다짐한다. 좋았던 것, 배워서 새롭게 해 보고 싶은 것들도 무엇이 있는지 놓치지 않으려고 한다.

3월 1일 아침이면 산에 오른다. 산꼭대기에 올라 첫날 우리 반 아이들을 만나는 장면을 상상해 본다. 시원한 산 공기 가득 마시며 첫 만남을 위한 마음을 가다듬는다. 3월 1일 아침에 오르는 산은 조금 특별하다. 의왕초등학교에서 함께 지냈던 옛 제자들과 모락산에 오르는 날이기 때문이다. 우리는 헤어진 다음 해부터 해마다 3월 1일 아침 7시에 만나 산에 오르고 있다.

웃는 얼굴 연습하기

많은 선생님들이 첫날에 학생들을 어떻게 만나야 좋을지 고민한다. '무겁게 기선 제압을 할 것인가? 아니면 편안한 모습으로 함께 어울릴 것인가?' 둘 다 장단점이 있는데 주로 웃으며 편하게 만나려고 애쓰는 편이다. 새 학년, 첫 만남에 가슴 부풀어 왔을 아이들의 바람에 맞는 모습을 보여 주고픈 마음이다. 그런데 편안한 표정과 웃는 얼굴이 쉽게 잘 나오지 않는다. 학생들만큼 선생님도 긴장하니 그렇다. 그래서 개학 전날부터 몇 번이고 거울을 보며 웃는 얼굴을 지어 본다. 아이들과 처음 만날 때 보여 줄 웃는 얼굴을 연습하고 또 연습한다.

교실 준비하기

해마다 선생님들은 맡은 학년과 반이 바뀌고 때로는 학교를 옮긴다. 지난해 쓰던 교실, 새로 가는 교실 모두 깨끗이 청소해야 한다. 손이 참 많이 간다. 또 우리 교실에는 책이 많은데 그 책들을 옮기려니 힘이 꽤 든다. 교실마다 책꽂이 개수가 달라서 학교 이곳저곳 다니며 버려진 책꽂이를 줍기도 한다.

학생들이 교실에 왔을 때 책상, 의자가 없으면 안 될 터이다. 학생 수에 맞추어 책걸상 개수도 확인하고 학년에 맞는 높이인지, 아이들이

개학 첫날 아이들을 위해 책 한 권과 글똥누기 수첩을 책상 위에 올려 둔다.

자리에 앉았을 때 불편함은 없는지 꼼꼼하게 살펴야 한다. 안내장들을 넣을 수 있는 공책 크기의 비닐 파일도 하나씩 선물로 준비해 둔다. 이 비닐 파일을 우리 반에서는 소식을 주고받는 '우체통'이라고 부른다.

칠판에 편지도 쓴다. '참사랑땀 제자들 사랑해요. 다 같이 설레는 한 해로 살아요.' 학생들이 교실에 들어와 읽을 담임의 첫인사다. 선생만큼 긴장하고 설레었을 우리 학생들이 이 짧은 편지를 읽으며 조금이라도 마음이 편해졌으면 하는 바람이다. 어떤 선생님은 칠판 가득 편지를 쓰고 그림을 그리기도 한다. 보기 좋은 모습이다.

교실에 온 학생들이 가만히 있기보다는 책이라도 읽고 있으면 좋겠다는 생각으로 책상 위에 책 한 권씩을 올려 둔다. '글똥누기' 수첩도 하나씩 준비한다. 3월 첫날부터 '글똥누기'를 시작하기 때문이다. 글똥누기는 학생들이 학교에 오자마자 아침에 든 생각을 짧게 쓰는 글이다.

참사랑땀 반 학급 누리집에는 새롭게 참사랑땀 반이 된 학생들을 맞이하는 축하 인사도 있다. 참사랑땀 반을 먼저 거쳐 간 학생들이 댓글로 남겨 준 글이다.

● 축하 인사

• 나는 참사랑땀 1기 선배 홍정한이라고 해. 영근 샘이 교직에 몸을 담은 지도 어느덧 15년 차가 돼 가는구나. 다재다능한 영근 샘 밑에서 많은 걸 보고 듣고 배우길 바라. 내 초등학생 시절은 영근 샘을 만나서 정말 즐거운 시간을 보냈어. 너희들도 즐거운 5학년 3반이 되었으면 해. 아프지 말고 건강한 모습으로 생활하길 바랄게.

• 반가워요! 저는 2기 가윤한이라고 합니다. 시간이 흘러도 두고두고 기억에 남는 학창 시절을 보냈다고 회상할 수 있는 영근 샘 초등참사랑 학급은 진행형이기에 더욱 기쁩니다. 15기 후배들도 새 마음 새 학기 즐겁고 건강하게 학교생활 할 수 있길 바랍니다.

• 안녕하세요. 저는 15기 선배 강주성이라고 합니다. 영근 샘 화나게 하지 마. 그러면 무지 무서우니까. 어쨌든 파이팅!

• 안녕, 얘들아! 15기 선배야! 첫인상은 무서웠지만 알고 보니 재밌는 샘이었어. 음식 만들기 같은 재밌는 활동도 하고 많이 놀기도 해. 하지만 일기 같은 귀찮은 활동도 있으니까 귀찮아도 열심히 해!

참사랑땀 반 학급 누리집(http://chamedu.new21.org)

편지 쓰기

첫날맞이 준비로 마음을 담아 쓰는 것이 학부모에게 드리는 편지다. 편지는 쉬운 우리 말로 쓴다. 학교에서 쓰는 전문용어를 담을 필요가 없다. 이야기 나눈다는 생각으로 편하게 쓰면 된다. 학부모에게 드리는 편지와 함께 새로 맡게 될 학생들에게도 편지를 쓴다.

● 학부모에게 드리는 편지

참사랑땀 16기(5학년 3반) 학부모님, 안녕하세요. 저는 군포양정초 5학년 3반 담임 이영근입니다.

오늘 아침에는 햇살이 좋고 바람도 차지 않아 참 좋더군요. 상쾌하기도 하고 '포근한 봄날이구나.' 하는 생각도 들었어요. 그래도 아침저녁으로는 아직도 차니 감기 걸리지 않게 조심하세요.

내일이면 한 해를 함께할 새로운 제자들을 만날 생각에 마음이 콩닥콩닥하네요. 저만 그런 건 아니겠죠. 부모님과 아이들도 마찬가지겠지요. '5학년에는 어떤 담임을 만날까?' '어떤 친구가 같은 반일까?' 하는 생각이 컸겠죠.

첫 편지이니 제 소개를 짤막하게 드려요. 저는 지리산 자락에서 태어나 산과 들 그리고 강에서 신나게 놀며 어릴 때를 보냈어요. 어릴 때 이렇게 살던 이야기를 가끔 우리 반 학생들에게 들려주기도 해요. 군포양정초에서는 5학년 3반만 세 해째 하고 있어요. 참, 제가 사는 곳도 군포랍니다. 그리고 중3(남) 희문이와 중1(여) 수민이 그리고 사랑하는 아내와 함께 늘 웃으며 행복하게 살고 있어요.

우리 반은 참사랑땀 반이랍니다. 참사랑땀 반이라고 하니 조금 낯설겠죠. 올해 우리 5학년 3반은 16기랍니다. 지금까지 함께했던 선배들은 직장인도 있고 대학생, 중고등학생도 있어요. 우리 참사랑땀 반은 참·사랑·땀을 기둥으로 학급살이를 하고 있어요. 학급살이는 지내며 조금씩 편지로 인사드릴게요.

주마다 짧게 '영근 선생 편지'를 부모님들께 드릴 건데요, 편지 아래에는 짤막하게 답장도 쓸 수 있어요. 답장으로 함께 생각 나눴으면 해요.

우리 아이들 행복을 위해 함께해요.

2015년 3월 2일 이영근 드림.

● 학생들에게 주는 편지

안녕. 만나서 반가워. 5학년 3반 된 기분이 어때? 난 참 좋아. 오늘 영근 샘 첫 모습은 괜찮았니? 함께하게 된 친구들과 인사 나누며 새로 사귀기도 했니?

영근 샘이 남자라 어색하고, 친하게 지내던 친구와 떨어져 아쉬울 수도 있어. 그렇지만 괜찮아. 함께 정을 쌓을 수 있고, 새로운 친구도 사귈 수 있으니 말이야.

4학년 때 나를 본 적 있니? 가끔 복도에서건 운동장에서, "너는 몇 학년이지?" 하고 물을 때, "4학년인데요." 하던 학생들도 있었거든. 그럼 나는 보통, "난, 5학년. 내년에 만나." 하고 말하고는 했지. 나를 처음 본다고? 괜찮아. 앞으로 웃으며 함께할 것이니까.

오늘, 나도 새롭게 마음을 다져.

1. 날마다 쓰겠습니다.

2. 청소는 같이 하겠습니다.

3. 학생에게 친절하겠습니다.

4. 글자를 정성껏 쓰겠습니다.

5. 학생 말에 귀 기울이겠습니다.

"사랑해." 요즘 가장 많이 하는 말인 것 같아. 올해도 여러분에게 사랑한다는 말을 많이 하려고 해. 내가 "사랑해." 할 때, 웃어 줘도 좋고, "저도 사랑해요." 해 주면 더 좋고.

우리 아름답고 고운 사랑을 많이 나누며 지내자. 땀 나게 일하고, 땀 흘리며 신나게 놀자. 그러면서 함께 성장하자. 경쟁하기보다 나누며 함께 성장하자.

"사랑해."

2015년 3월 2일 영근 샘.

2. 첫날

3월 첫날이다. 교실에 들어온 아이들 얼굴에 설렘과 기대가 가득하다. 때로는 많이 긴장하고 있다. 1학년도 6학년도 크게 다를 바 없다. 어디 학생들만 그렇겠는가? 선생님도 마찬가지다. 설레고, 기대되고, 긴장한다.

아이들을 만나러 교실로 가면서 계속 마음속으로 되뇐다.

'웃자, 웃자. 사랑하자, 사랑하자.'

교실 문 앞에서 문을 열지 못하고 그냥 지나쳤다가 심호흡을 크게 하고서 다시 돌아와 교실에 들어서기도 한다.

노래 부르기

용기 내서 교실 문을 열고 들어가면 학생들과 가볍게 인사를 나누고 선생님 소개를 한다. 그리고 노래를 불러 준다. 부르는 노래는 세 곡으로 정해져 있다. 어린이 노래모임 '굴렁쇠 아이들'을 꾸리고 있는 백창우 선생님의 '예쁘지 않은 꽃은 없다(이장희 시, 백창우 곡)'와 '꿈이 더 필요한 세상(백창우 시, 곡)', 그리고 간디 학교 교가인 '꿈꾸지 않으면(양희창 작사, 장혜선 작곡)'이다.

이 노래들 가운데 학생들은 '예쁘지 않은 꽃은 없다'를 학년이 끝날 때까지 기억하고 있다. 그 까닭은 노래에 자기 이름이 나오기 때문이다. 본디 노랫말은 '꽃은 참 예쁘다. 풀꽃도 예쁘다. 이 꽃, 저 꽃, 저 꽃, 이 꽃, 예쁘지 않은 꽃은 없다.'이다.

이 노랫말에 학생들 이름을 넣어서 '동현 참 예쁘다. 재민도 예쁘다. 희원, 정원, 민혁, 가람, 예쁘지 않은 사람은 없다.'고 불러 준다. 아이들은 눈을 감고 노래를 듣다가 자기 이름이 나오면 싱긋 웃거나, 고개를 숙이면서 하나같이 반응을 보인다. 노랫말에 자기 이름이 나오는 까닭에 많은 아이들이 오랫동안 이 노래를 기억하고 있다. 노래에 자신이 없는 선생님이라면 이 노랫말을 시처럼 낭송해 줘도 좋을 것이다.

옛이야기

노래를 부른 뒤에 학생들끼리 서로 소개하는 시간을 갖는다. 동그랗게 둘러앉아 한 명 한 명 자기소개를 한다. 첫날이라 긴장한 모습도 더러 있지만 이야기들을 잘 들어 보면 아이들의 모습이 조금씩 보이기 시작한다.

자기소개를 한 뒤에는 그림책을 읽어 준다. 3월 첫날 조용히 앉은 아이들에게 책 속 이야기를 들려줄 때는 기분이 참 좋다. 첫날 읽어 줄 책으로 어떤 것이 좋을까? 무엇이든 처음 겪는 것은 참 중요하기에 깊이 생각하고 신중하게 고른다. 그런 마음으로 고른 그림책은 권정생 할아버지의 《강아지 똥》(권정생 글, 정승각 그림, 길벗어린이)이다. 하찮아 보이는 강아지 똥도 민들레 꽃을 피우는 거름으로 쓸모가 있듯이, 아이들 하나하나가 소중한 존재라는 생각으로 이 책을 읽어 준다.

첫날 놀이를 하는 교실도 많다. 우리 반은 첫날에 놀이는 하지 않고 대신 아이들에게 줄 다른 즐거움을 찾는다. 바로 옛이야기다. 학생들에게 옛이야기를 들려줄 때는 선생님이 이야기꾼이 된다. 아이들은 선생님이 하는 말 하나, 손짓 하나에도 쏙 빠져든다. 이야기 곳곳에서 웃음도 터져 나온다. 3월 첫날에는 보통 '중국 임금이 된 머슴' 이야기를 많이 들려준다.

옛이야기를 나눈 뒤에 아이들 첫날 모습을 사진으로 찍는다. 예쁜 배경 사진을 텔레비전에 띄우고 한 명씩 그 앞에 서서 사진을 찍는데 긴장한 모습이 많다. 나중에 한 학기, 한 학년을 마칠 때 학생들과 다시 이때 사진을 보면 참 재밌다. 자기들도 많이 웃는다.

글똥누기 인사

첫날 책상에 올려 둔 수첩에 글똥누기를 쓴다. 학생들은 글똥누기라는 말이 낯설면서도 이름이 주는 재미가 있는지 수군수군한다. 글똥누기 쓰는 방법을 알려 주고는 개학 첫날 가장 하고픈 말, 마음 가득 든 생각이나 기분을 솔직하게 써 보라고 한다. 아이들이 쓴 글을 보면 긴장 가득하고, 설렌다는 말이 많다. "나도 그래." 하고 맞장구치며 첫날 글똥누기에 쓴 글로 학생들과 이야기를 나눈다.

모습 살피기

첫날은 학생들 모습을 계속 살피면서 글로 남긴다. 아이들마다 생긴 모습, 하는 버릇들이 다 다르다. 그것들을 하나하나 기록해서 학급 운영에 참고 자료로 쓴다. 첫날 수업을 마치고 헤어질 때는 꼭 안아 준다. 첫날부터 학생들을 안기 시작해야 1년 동안 어색하지 않게 계속 안아 줄 수 있다. 만일 안기는 것을 부담스러워하면 악수를 하거나 손바닥을 부딪친다. 아이들이 돌아간 뒤에는 학부모들께 손전화로 문자 인사를 드린다.

3월 첫날, 이 활동을 다 할 수도 있고 못 할 때도 있다. 첫날 다 못 한 것은 그다음 날에 하면 된다. 중요한 것은 첫날을 아이들과 잘 맞이하는 일이다. 3월 첫날과 첫 주는 학급운영 터를 잡고 학생들을 알아 가는 시간으로 가지는 것이 좋다. 우리 반은 개학하고 한 주 동안 공부도 하지만 참사랑땀 반 이야기와 준비, 안내에 더 많은 애를 쓴다. 학생들과 튼튼한 바탕을 쌓는 소중한 시간이다.

3. 3월 학급운영

첫날 첫 만남만큼 중요한 것이 3월 한 달이다. 2월에 우리 반 학급운영을 잘 계획하고, 첫 만남도 잘했는데 그 힘이 3월 한 달을 가지 못한다면 1년 학급운영이 쉽지 않다. 그래서 첫날 첫 만남과 함께 관심 갖고 계획을 잘 세워야 하는 것이 3월 학급운영이다.

새로운 시작

3월에 하는 활동은 무엇이든 학생들에게 새로운 출발이다. 우리 반에서는 3월 둘째 주부터 '주말 이야기'와 '오늘의 사랑이'를 시작하고 학급임원 선거 토론회도 한다. 셋째 주에는 '밥친구'를 시작하고 '영근 신화' 이야기도 첫 물꼬를 튼다. 학교에서 여는 학부모 총회도 이때쯤 있다.

3월 넷째 주에는 문집을 만들면서 지난 한 달을 아이들과 돌아본다. 기타 동아리 활동도 이때부터다. 이렇듯 새로 시작하는 일들이 계속 생기기 때문에 학생들은 기대와 설렘으로 3월 한 달을 보내게 된다. 그런 만큼 계획을 미리 잘 세워야 한다.

우리 반 목표 만들기

학기마다 '참사랑땀' 반 이름에 덧붙이는 우리 반만의 목표를 만든다. 1학기는 3월에, 2학기는 9월에 하는 활동이다. 학생 모두에게 하나씩 목표를 써내도록 한 다음 하나하나 살피면서 학생들과 같이 한 가지 목표를 정한다. 2015년 1학기에는 '웃으며 함께하는 우리 반은 행복해요', 2학기에는 '평화로운 반, 배려하는 우리'가 학생들과 함께 만든 우리 반 목표였다.

규칙 만들기

복도에서 뛰는 학생들이 있을 때 먼저, "복도에서 뛰는 아이들이 많은데 어떻게 하면 좋겠니?" 하고 물으면서 학생들 스스로 규칙을 만들도록 이끈다. 우유 급식도 마찬가지다. 우유는 누가 가져오고, 언제 마실지, 어떻게 마시는 것이 좋을지 학생들과 같이 규칙을 정한다. 청소는 어떤 식으로 하고, 개인 또는 모둠으로 할지 같은 방법도 학생들이 정한다. 이렇게 교실 안팎에서 일어나는 작은 일들 모두가 학생들이 스스로 정한 학급 규칙으로 자리매김한다.

공부 약속하기

학생들과 공부 약속을 할 때 꼼꼼하게 계획을 잘 세워야 한다. 가장 기본이 책상, 사물함, 가방 정리다. 수업 시작하기 전에 책상 줄을 맞추고, 책상 속을 정리하고, 수업 준비할 책이 나와야 하고, 가방 문 잠그고, 3월이라 아직 외투가 두꺼우니까 겉옷 풀어 헤치면 안 되고, 이런 것들을 하나하나 챙겨야 한다.

수업 시간에 가장 중요한 것은 듣는 일이다. 다른 학생이 하는 이야기, 선생님 말씀을 귀담아듣도록 하는 것이 중요하게 정하는 공부 약속이다. 그래서 이야기하는 사람 얼굴을 바라보면서 듣는 자세를 계속 연습한다.

밥친구

3월에 시작하는 활동 가운데 '밥친구'가 있다. 밥친구는 우리 반 학생들이 한 명씩 돌아가면서 담임과 같이 점심을 먹는 일이다. 학생들은 조금 불편할 수도 있지만 선생님은 반 학생들과 이것저것 이야기 나눌 수 있어서 좋은 시간이다.

첫 만남이니까 물을 것이 딱히 정해져 있지는 않다. "지난해에는 몇 반이었니?" "우리 반 아이 가운데 누구와 친하니?" 이런 질문을 한다. 밥을 먹고 나서는 밥친구와 학교를 한 바퀴 돌기도 한다. 다른 반에 물건을 전해 줄 일이 생겨도 밥친구에게 부탁한다. 수업 마치고 헤어질 때 인사도 밥친구가 우리 반을 대표해서 한다. 그러니까 밥친구는 그날 하루 우리 반 이끔이인 셈이다.

● **밥친구와 나들이하고 쓴 일기**

"성욱아, 우리 데이트할까?"

"네?"

"우리 학교 한 바퀴 돌아 보자."

"네."

둘이 가기에 아쉬워(나갈 때 같이 나가면 좋으니) 고개를 들어 살피니 말 없는 태영이가 보여.

"우리 태영이하고 같이 가자." 하고는 태영이를 불렀지. 그렇게 셋이 함께 나갔어. 올해 들어 밥친구와 갖는 첫 나들이야.

나가서 들꽃을 키우는 화분 속을 봤어. 하얀 꽃이 보여.

"이거 무슨 꽃인지 아니?"

"뭐가요?" 하며 보는데 잘 안 보이나 봐.

"이 꽃, 하얀 꽃."

"아."

"이건 별꽃이라고 해. 아주 작은 꽃이지. 봄을 알리는 꽃이고. 꽃잎이 몇

　개인지 볼래?"

　별꽃이니 꽃잎이 다섯일 것인데 한 꽃잎이 둘로 나뉘어 보여. 그래서 다

들 열이라 그러지.

　"아홉요."

　"엥? 아홉? 다시 보렴."

　"여덟인가?"

　그러면서 몇 군데를 더 살폈는데 광대나물이며 여러 들풀이 올라와.

　"야, 봄이 왔나 보다."

　셋이 손을 잡고 걸었어.

　"어머, 저기 봐. 손잡고 다녀."

위에서 보고 있던 2반 여학생들이 우리를 보고 놀라네. 그 말에 손을 더 꽉

잡았지. 보란 듯이.

2012년 3월 8일 이영근.

알림장 확인하기

　알림장에는 다음 날 배울 과목과 준비물을 함께 쓴다. 그러니 집에
서 꼼꼼하게 챙겨야 하루를 잘 지낼 수 있다. 아이들이 집에서 알림장
을 볼 때 내용 옆에 스스로 하나하나 확인해서 동그라미나 체크를 표
시하도록 한다. 이렇게 집에서 확인한 알림장은 다음 날 아침에 선생
님에게 보여 준다. 우리 반은 아침마다 글똥누기와 알림장을 함께 낸
다. 알림장을 확인하는 것도 3월에 잘 챙겨야 한다. 알림장 내용을 학
급 누리집에도 올리면 좋다.

'배려하는 우리, 평화로운 반. 서로 아끼며 사랑하는 우리 반은 행복해요.' 새 학기가 시작되면 학생들과 함께 우리 반 목표를 정해서 그 글자로 교실 환경을 꾸민다.

교실 환경 꾸미기

우리 반은 반 이름이나 학급목표로 교실을 꾸민다. 모둠이나 짝끼리 한 글자씩 맡아서 정성껏 쓰고 그린다. '참사랑땀 16기'라는 글자라면 여섯 모둠에서 한 글자씩 맡아서 꾸미기도 한다. 이때 무슨 글자로 교실 환경을 꾸밀지는 학생들과 이야기 나누며 정한다. 다 다르게 만들었지만 함께 어울릴 때 아이들은 참 좋아한다.

같은 학년 전체 생활지도

같은 학년 학생들이 모두 모여 생활지도 이야기를 나눈다. 반이 다르더라도 같은 학년으로서 지킬 약속을 학생들끼리 나누는 소중한 자리다. 이 시간은 2학기를 시작할 때도 한 번 더 하는 것이 좋다. 수학여행이나 현장학습을 갈 때도 함께 모여 지킬 약속을 정하기도 한다. 수학여행을 예로 들면 일정, 다니는 곳, 주의할 점, 임무 수행 방법 들을 같이 이야기 나눈다. 물론 전체 생활지도에 앞서 선생님들이 사전 회의를 열어 큰 틀을 잡아야 한다.

　몇몇 선생님들은 3월 학급운영의 규칙, 약속, 관계 쌓기를 위해 한 주, 길게는 두 주 정도 교과 공부를 잠시 미루기도 한다. 시간을 충분하게 갖고 올해 다짐, 소개, 협력 놀이를 섞어 가며 교실 터 잡기를 한다. 꽤 긴 시간을 쏟아야 하기에 학부모와 학생이 이해할 수 있도록 미리 충분한 설명을 꼭 해 줘야 한다.

 정보 나누기

첫날 읽어 주기 좋은 그림책

《지각대장 존》(존 버닝햄 지음, 박상희 옮김, 비룡소) | 《점》(피터 레이놀즈 지음, 김지효 옮김, 문학동네어린이) | 《꽹》(이오덕 지음, 효리원) | 《틀려도 괜찮아》(마키타 신지 지음, 하세가와 토모코 그림, 유문조 옮김, 토토북)

첫날 들려주기 좋은 옛이야기

1. 〈중국 임금이 된 머슴〉: 또박또박 말을 잘하지 못했던 머슴이 죽음의 위기에서도 낙천적인 성격으로 역경을 딛고 중국의 임금까지 된 이야기.

2. 〈정신 없는 도깨비〉: 순진하고 어수룩한 도깨비 덕에 부자가 된 농사꾼 이야기.

3. 〈반쪽이〉: 눈, 귀, 팔, 다리가 하나씩밖에 없는 반쪽이가 언제나 꿋꿋하고 재치 있게 상황을 이겨 내는 이야기.

모둠과 자리배치

1. 모둠

반마다 모둠이 있다. 모둠을 꾸리는 방법과 운영 사례는 선생님들마다 다르다. 정해진 것은 없다. 한 반에 학생 수가 보통 28명에서 30명 사이인데, 28명이면 4인 모둠으로 꾸리기도 하고 30명이면 4인 모둠이나 5인 모둠을 섞기도 한다. 6인 모둠을 꾸릴 때도 있다.

모둠 구성

많은 교실에서 4인 모둠을 꾸려서 운영하고 있다. 협동 학습에서는 보통 성적을 기준으로 모둠을 만든다. 모둠 운영에서 아이들의 삶을 가꾸는 것 못지않게 성적을 올리는 것도 중요하게 여기기 때문으로 보인다. 그래서 가장 잘하는 친구와 가장 못하는 친구 그리고 중간 성적 둘, 이렇게 4명을 한 모둠으로 꾸린다. 또 자리에 앉을 때도 가장 잘하는 친구와 가장 못하는 친구가 서로 대각선에 앉고 그 양 옆에는 중간 성적의 친구들이 앉는다.

　그런데 초등학교에서는 성적보다는 아이들의 관계를 먼저 헤아리고, 또 학급살이를 따져 보면서 모둠을 운영하는 게 좋다고 생각한다. 우리 반에서는 참 줄, 사랑 줄, 땀 줄 세 개 분단으로 자리를 앉고 그 세 분단에 모둠들이 들어간다. 보통 때는 짝과 앉아서 앞을 보는 모습이고 모둠 활동을 할 때는 모둠 대형으로 자리를 옮긴다.

● **보통 때 모둠 자리 모양**

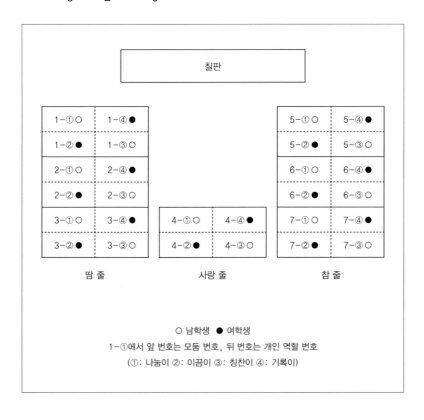

무작위로 모둠 꾸리기

우리 반은 모둠을 정할 때 무작위로 한다. 그전에는 성적이나 성격을 고려해서 담임이 직접 꾸리기도 했지만, 요즘은 무작위 추첨 방식으로 모둠을 운영하고 있다.

무작위로 모둠을 정하는 첫 번째 까닭은 우리 반 학습활동에서 모둠끼리 경쟁하는 내용이 거의 없기 때문이다. 수학, 사회 같은 수업에서 모둠과 관계없이 배움짝을 꾸리고 있고 다른 여러 활동에서도 모둠 틀을 깨고 하는 활동이 많다. 따라서 학습 능력을 크게 고려하지 않아도 괜찮다.

또 다른 까닭은 사회성을 쌓는 과정으로 삼기 위함이다. 성격을 고려해서 꾸리면 모둠원끼리 더 잘 어울릴 수도 있을 것이다. 그런데 모둠도 작은 사회이기에 성격이 서로 맞지 않더라도 함께 지낼 수 있어야 한다. 조금은 덜컹거리고 작은 다툼이 있더라도 서로 맞춰 가는 경험이 성장하는 과정으로 필요하다는 생각이다.

무작위로 모둠을 꾸리는 과정은 학생들과 함께 즐길 수 있다. 보통 '자리배치 플래시 프로그램'을 활용한다. 학급운영 관련 누리집에서 쉽게 구할 수 있다. 이 프로그램에 학생들 이름을 넣고 "하나, 둘, 셋." 하면서 자리배치 버튼을 누르면 아이들은 고함지르며 좋아한다.

물론 여기저기에서 실망하는 표정들도 많다. 그럴 때마다, "좋아하는 동무와 앉지 못하더라도 마음을 열고 다른 친구들과도 함께할 수 있기를 바란다."고 꼭 당부한다. 이 프로그램에서는 아이들이 알아채지 못하게 일부 학생 자리를 지정해 둘 수도 있으니 필요할 경우에는 이 기능을 쓸 수도 있다.

2. 모둠 이름과 역할

모둠 이름을 만들 때는 협동 학습에서 많이 쓰는 창문 구조를 활용한다. 모둠 이름을 정할 때도 모둠원끼리 토론과 토의가 저절로 일어난다.

개인 역할

우리 반 모둠에는 나눔이, 이끔이, 칭찬이, 기록이 네 역할이 있다. 나눔이는 학습지나 안내장을 나누어 주고, 모둠원들이 만든 결과물을

● **창문 구조로 모둠 이름 정하기**

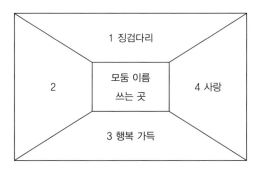

창문 모양이 그려진 종이에 '1, 2, 3, 4' 번호를 쓴다. 그다음 모둠원들이 돌아가면서 이름을 추천한다. 참사랑땀 반에서는 나눔이부터 의견을 말하도록 한다. 나눔이가, "우리 모둠 이름으로 나는 사랑." 그랬더니 나머지 3명 모두 좋다고 손을 들었다. 그럼 '사랑'은 말한 사람을 포함해서 4명 모두 좋아하는 것으로 4번 칸에 쓴다. 이어서 이끔이가, "나는 행복 가득." 했더니 2명이 손을 들었다. 그러면 '행복 가득'은 3번 칸에 들어간다. 다음으로 칭찬이는 '징검다리'라 했고 아무도 동의하지 않았다면 1번 칸에 쓴다. 이렇게 세 번 정도 돌아가며 의견을 나눈다. 여기서 4번에 있는 것 가운데 하나를 모둠 이름으로 정한다.

모아서 내는 몫을 한다. 이끔이는 모둠을 총괄하며 활동을 이끈다. 칭찬이는 모둠원들이 잘한 것을 틈만 나면 칭찬한다. 기록이는 모둠에서 하는 활동이나 회의 내용을 기록하는 역할이다.

개인 역할들은 주마다 바뀐다. 이번 주에 '나눔이'를 했다면 다음에는 '이끔이'가 되고, 그다음에는 '칭찬이', '기록이'를 이어서 한다. 모둠원 모두가 네 가지 역할을 주마다 돌아가면서 한다. 모둠원이 다섯일 때는 건강이 역할을 하나 더 둔다. 건강이는 우유나 급식을 먹을 때 모둠원을 챙기고 확인한다.

모둠 역할

아이들과 모둠 역할로 어떤 것을 해 볼지 해마다 이야기를 나눈다. 그때마다 모둠 역할들도 바뀐다. 예를 들어 6모둠이라고 할 때 모둠 역할을 '행복, 나들이, 동아리, 책, 환경, 또래 중재' 모둠 여섯 가지로 만들어 본다. 학생들과 의논해서 모둠 역할을 만들기 전에는 과학 수업 준비, 칠판 담당, 분리수거 모둠처럼 학급 일 중심으로 꾸려 보기도 했다. 그런데 이런 모둠 역할은 선생 중심으로 운영되기가 쉽다. 그래서 되도록 아이들 삶에서 비롯된 모둠을 만들고 있다.

각 모둠이 하는 몫을 살펴보자. '행복 모둠'은 학급의 행복을 위한 일을 찾아서 한다. 주말 과제, 아띠 주제도 행복 모둠에서 고민한다. 아띠는 한 주에 하루, 반 학생 모두가 하나의 주제로 같은 활동을 하는 것을 말한다. '나들이 모둠'은 바깥 활동을 할 때 안전을 책임진다. 우리 반은 자투리 시간에 자주 바깥에 나간다. 이때 선생님이 앞에 서면 나들이 모둠이 뒤에 서고, 선생님이 뒤에 있으면 나들이 모둠이 앞에

서서 안전한 이동과 활동을 돕는다. '동아리 모둠'은 반 아이들이 좋아하는 활동으로 동아리를 만들어 운영한다. 피구, 공기, 춤 동아리도 있고 공부 동아리를 만들기도 한다.

우리 반은 책이 많아서 몇백 권이 넘는데 '책 모둠'에서 이 책을 관리한다. 좋은 책도 추천하고 책에서 문제를 내는 놀이도 만들면서 책과 함께 즐거운 교실 환경을 만든다. '환경 모둠'은 교실을 꾸미고 깨끗하게 하는 일을 앞장서서 한다. '또래 중재 모둠'도 있어서 학생들 사이에 벌어지는 다툼을 선생님한테 의지하지 않고 스스로 풀어내고 있다.

학생들이 교실 말고 학교 구석구석 청소할 때가 있다. 특별실 구역 청소라고 한다. 아이들에게, "이걸 모둠으로 나누어서 할까, 아니면 1인 1역으로 할까?" 물어본다. 서로 이야기를 나누더니 1인 1역보다 모둠으로 하자고 한다. 힘든 일도 모둠으로 함께하니 즐겁고, 같이 청소하면서 조금 더 친해질 수 있다고 한다. 이처럼 우리 반 학생들은 청소할 때도 모둠이 함께하려고 하는 모습을 보였다.

다양한 모둠 활동

모둠원들끼리 다양한 활동을 해야 서로 더 많은 이야기를 나누면서 힘을 모을 수 있다. 생각이 다를 때 서로를 설득하는 과정도 경험하게 된다. 이런 과정은 요즘같이 개인주의에 물들어 가는 아이들에게 세상을 살아가는 지혜로 꼭 필요하다.

다양한 활동 가운데 모둠 신문 만들기가 있다. 국어와 미술 시간을 활용할 수 있다. 모둠원들이 같이 주제를 정하고 신문에 채울 기사도 나눠서 쓴다. 신문 기사를 모아서 어떻게 배치하고 꾸밀지 모둠원이 함께 궁리한다. 모둠 노래자랑은 모둠원이 함께 노래 실력을 뽐낼 기회다. 무슨 노래를 부를지 의논하는 것부터 함께 모여서 연습하는 과정이 참 소중하다. 모둠 노래자랑은 음악 시간이나 학급 학예회 때 할 수 있다. 아울러 모둠을 꾸렸을 때 '우리 모둠 노래'를 정해 친구들 앞에서 노래하는 시간을 갖기도 한다.

모둠 연극도 있다. 학생들은 연극을 참 좋아한다. 학기 말이나 국어 시간에 모둠끼리 대본을 써서 연극을 한다. 이때, "해설을 많이 줄이자. 대본은 보지 않고 해 보자."고 미리 말해 준다. 연극 주제를 정하고, 대본을 만들어 배역을 나누며, 필요한 도구를 준비하는 모든 과정을 모둠원들이 함께한다. 연습할 수 있는 시간도 의논해서 정한다. 연극 한 편 올리는 과정에도 토의와 토론이 계속 일어난다. 이런 과정을 거치기에 연극에 참여하는 학생들은 무척 열심히 하고, 다른 모둠이 연극하는 모습을 보는 것도 참 좋아한다.

3. 자리배치

학생들이 앉아 있는 모습은 교실마다 다르다. 'ㄷ'자 모양으로 앉는 교실도 있고 모둠으로 앉는 곳도 있다.

우리 반은 수업 활동을 할 때마다 자리배치가 조금씩 달라진다. 보통 때는 '참, 사랑, 땀' 줄로 앉아서 짝과 같이 앞을 보고 앉다가, 모둠 활동할 때는 모둠 모양으로 바꾼다. 텔레비전을 보는 수업도 정면을 볼 수 있도록 자리를 조정한다.

첫날 자리 앉기

첫날 학생들이 교실에 오면 어디에 앉아야 할지 어리둥절하기 마련이다. 어떤 선생님들은 학생들 마음대로 자리에 앉게 한다. 그러면서 아이들의 기질을 파악할 수 있다고 한다. 또 다른 선생님은 그렇게 하면 자신감이 없고 소극적인 아이들은 어디에 앉아야 할지 몰라서 첫날부터 불안해할 수도 있다고 말한다.

우리 반은 첫날 번호대로 자리를 정해 앉게 한다. 아이들이 자기 자리와 번호를 빨리 익히고, 선생님도 학생들 이름과 번호를 잘 파악하기 위해서다. 그래서 책상 위에 번호와 이름을 써 둔다. 아이들은 남녀로 짝이 되도록 자리에 앉는다.

활동에 맞는 자리배치

많은 교실에서 'ㄷ'자 모양으로 앉아서 수업을 한다. 우리 반에서도 주로 전체가 함께 이야기 나눌 내용일 때 'ㄷ'자 모양으로 자리를 옮긴다. 학생들끼리 이야기를 많이 나누는 교실이라면 'ㄷ'자 모양도 추천할 만하다.

우리 반은 수업 활동에 따라서 여러 자리배치를 한다. 기본 대형은 짝과 앞을 보고 앉는다. 선생님 이야기를 듣거나 다른 학생들이 앞에 나와서 발표할 때 기본 대형으로 앉아서 활동한다. 수학 배움짝이나 국어 시간에 서로 이야기 나누기 같은 짝과 함께하는 활동도 이 대형으로 앉아서 한다. 우리 반은 짝과 나란히 앉아서 하는 활동을 가장 많이 한다.

요즘은 교실에서 컴퓨터를 활용하는 수업이 많다. 우리 반에서는 컴퓨터를 쓰는 수업은 많이 하지 않는다. 직접 손으로 만지거나 몸으로 겪는 활동이 더 많다. 그래도 컴퓨터나 텔레비전을 활용할 때가 있다. 이때는 모두가 텔레비전과 정면이 되게 자리를 돌려 앉는다. 되도록 편한 자세로 앉아서 내용에 집중하도록 하는 것이 우리 반 자리 앉는 방법 중 하나다.

금요일마다 '참사랑땀 회의'라는 학급회의를 할 때 회장은 칠판 앞 가운데 쪽에 앉는다. 학생들은 회장과 마주보게끔 조금씩 자리를 튼다. 교실 전체 자리배치가 회장을 중심으로 부챗살 모양이 된다.

● **ㄷ자 모양 자리배치**

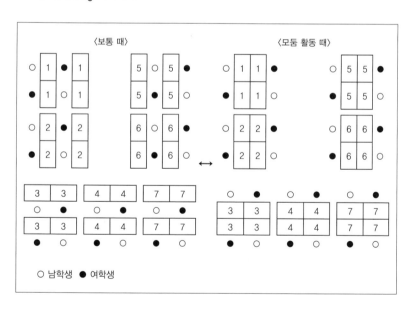

월요일이면 '주말 이야기'를 나눈다. 주말에 무엇을 했는지 같이 이야기하는 시간이다. 그때는 선생님이 교실 가운데에 서서 말한다. "나를 보고 정면이 되게 책상을 돌려 앉으렴." 그러면 어떤 학생은 90도를 돌려야 하고 또 앞쪽에 앉은 학생들은 책상을 180도 돌려야 정면이 된다. 책상을 움직이자니 조금 불편하지만, 서로 얼굴을 보면서 편한 모습으로 이야기 나누려면 이런 자리배치가 필요하다.

우리 반은 토론을 자주 한다. 토론을 할 때도 책상 위치를 바꾼다. 가장 기본인 짝토론을 할 때는 짝끼리 마주 보도록 책상을 돌린다. 이대이(2:2) 토론을 할 때는 둘씩 마주 보도록 책상 네 개를 붙인다. 또 학급 전체 토론에서는 교실 가운데를 기준으로 '참 줄' 전체와 '사랑 줄' 반, 그리고 '사랑 줄' 반과 '땀 줄' 전체 학생이 마주 보고 앉는다. 회전목마 토론이라는 것도 있다. 회전목마 토론을 학급 전체가 할 때는 큰 원을 두 개로 만들어서 서로 마주 보게 앉는다. 바깥쪽 원은 찬성, 안쪽은 반대하는 학생들이 앉아서 열띤 토론을 벌인다.

정보 나누기

학기 말 모둠 구성과 짝 정하는 방법
1. 사다리 타기: 칠판에 사다리를 크게 그리고 사다리 위쪽에는 학생 이름, 아래쪽에는 모둠 이름을 쓴다. 사다리를 타고 내려오면서 나온 대로 정한다.
2. 물건 고르기: 남학생이 자기들 물건에서 하나씩 낸다. 이때 여학생들은 밖으로 나간다. 그 뒤에 여학생들이 들어와 그 물건 가운데 하나씩을 골라 짝을 정한다.
3. 원하는 대로 앉기: 하루 이틀 정도는 원하는 대로 앉는 것도 좋다. 학기 말이라 서로 많이들 친해졌지만 짝을 찾지 못한 학생도 있을 수 있다. 학생들과 미리 이런 부분을 짧게라도 이야기 나누는 게 좋다.

1년 학급살이 이끌기

2장

일별, 주별, 월별 학급운영

1. 하루 학급운영

학급운영은 1년 학급살이다. 하루하루가 모여 한 주가 되고, 한 주두 주가 모여서 한 달이 되며, 한 달 두 달이 쌓여 1년이 된다. 그러니하루하루가 참 소중하다. 교실에서 보내는 하루의 시작과 끝이 정해진활동으로 이루어질 때 아이들은 편안한 마음을 가질 수 있다.

하루 일과

아침에 교실에 들어설 때 안을 보면서 3초 동안 인사를 한다. 빈 교실이라도 한다. 텅 빈 교실을 보고 고개를 조아리며 인사할 때 기분이묘하면서도 참 좋다. 마음속으로 '오늘도 아이들과 잘 살아 보자. 사랑하자.' 하고 늘 되새긴다. 학생들이 오면 아침맞이 인사를 하고 아침활동을 시작한다. 흔히들 아침자습이라고 하는데, 우리 반은 아침활동이라 부른다.

학생들은 먼저 자기 자리를 간단하게 정리하고, 일기와 복습장을 낸다. 그 뒤 자리에 앉아서 글똥누기를 쓴다. 글똥누기를 다 쓰면, 선생님에게 보여 주고 그 내용으로 잠시 이야기를 나누기도 한다. 글똥누기를 보여 줄 때 알림장도 함께 낸다. 그 다음에는 자기가 하고 싶은 일을 한다. 우리 반 모든 학생들이 아침마다 하는 활동 모습이다.

많은 교실에서 하고 있는 아침독서도 날마다 하기에 참 좋다. 함께 책 읽는 시간을 정해 두면 학생들도 그 시간에는 책을 보는 것이 버릇이 된다. 아침에 책 읽는 시간을 만들기 힘들다면, 교과 활동에서 생기는 자투리 시간을 활용한다. 아울러 집에서도 날마다 책 읽는 시간을 갖도록 가정학습과 연계할 수도 있다.

시간이 정해진 것은 아니지만 날마다 아이들에게 노래를 불러 주는 '희망의 노래' 시간이 있다. 아침을 여는 시간에 하는 것이 좋은데, 전담 선생님이 겹치거나 다른 일이 있어서 못할 때도 있다. 그러면 다른 시간이나 오후를 시작할 때라도 노래를 불러 주려고 애쓰고 있다. 점심때는 날마다 밥친구를 한 명씩 불러내서 같이 밥을 먹는다. 밥친구와 가끔 나들이도 가고, 도서관에 가서 책도 같이 본다.

하루 일과를 마치며 집에 가기 전에는 학생들과 함께 자기 자리 청소를 한다. 교실 둘레가 조금 지저분할 때 가끔은 아이들에게 큰 은혜라도 베푸는 양, "내가 할 테니 그냥 가." 하고 이야기한다. 그러면 아이들은 정말 좋아한다.

학생들이 모두 간 뒤에 선생으로서 날마다 하는 일이 있다. 일기를 쓰고 다음 날 수업 준비를 한다. 그리고 칠판에 아이들이 읽었으면 하는 내용을 담아 편지를 쓰고 퇴근한다. 이렇게 아이들도, 선생님도 날마다 하는 일이 있다.

날마다 확인하기

학생들이 쓴 글똥누기, 일기, 복습장을 날마다 확인한다. 아이들을 만난 날부터 헤어지는 날까지 글똥누기는 하루도 빼지 않고 본다. 그날 푼 수학 익힘책, 사회 공책 정리한 것도 모든 학생들 것을 확인한다. 한순간 허투루 생각하고 방심하거나 놓쳐 버리면 금방 깨질 수 있는 것이 아이들 삶이다. 그래서 조금 귀찮고 번거롭더라도 날마다 확인하려고 한다.

학생들도 날마다 챙기는 일이 있다. 자기들이 밥 먹은 것은 스스로 확인한다. 가끔은 선생님이나 다른 친구들이 대신하기도 하지만, 1년 동안 꾸준하게 자기가 밥을 잘 먹었는지 확인한다. 자기 자리 청소도 학생들 스스로 점검하도록 한다.

3월 한 달은 계속 잔소리를 한다. 바르게 앉기, 연필 바르게 잡고 글씨 쓰기, 의자 넣고 나가기, 의자에 옷 바르게 걸기, 전담실로 안전하게 이동하기 같은 내용이다. 어느 것 하나도 놓칠 수가 없다. 하루하루 아이들 모습을 살피고 또 살피면서 계속 강조해야 한다. 그렇게 3월, 4월을 지내다 보면 어느새 몸에 익게 되고, 잔소리가 없어도 학생들은 스스로 자기 할 일을 챙기게 된다.

날마다 하는 일은 선생님도 학생들도 꾸준해야 한다. 그러기 위해서는 순간순간 잘 챙겨야 한다. 물론 챙기지 못할 때도 있다. 그럴 때는 학생들에게 미리 말하고 양해를 구한다. "지금은 글똥누기를 못 보겠다. 우리 3교시 시작 전에 보자." 또는, "5교시 시작 전에 보자." 하면서 못 하는 까닭과 미안한 마음을 이야기한다. 학생들과 약속한 활동을 날마다 꾸준하게 챙기면 아이들에게 안정감을 주고, 교사에 대한 믿음도 저절로 우러날 수 있다.

아침 기분 드러내기

학생들 몸과 마음 상태를 아침마다 알 수 있으면 참 좋다. 많은 교실에서 칠판이나 환경 판에 학생들 스스로 자기 기분을 드러낼 수 있는 '아침 기분 판'을 운영하기도 한다. 감정카드나 색깔로 드러내기도 하고, 좋고 나쁨을 몇 가지 표현 방식으로 나타내기도 한다. 이때 기분이 좋지 않은 학생들은 따로 이야기를 들어 주고 관심을 갖는다. 다만 이렇게 모두가 볼 수 있도록 해 둘 때는 솔직하게 드러내지 않는 아이들이 있을 수 있다. 그러니 아침 기분 판과 함께 한 줄 글쓰기(글똥누기)를 같이하는 것을 권한다.

2. 주별 학급운영

교실에서 주마다 활동이 바뀌는 것이 있다. 자리도 바뀌고, 불러 주는 노래도 바뀌고, 아이들이 하는 청소 구역도 바뀔 수 있다. 이런 것들을 잘 챙기는 것이 중요하다.

아울러 주에 하루, 짧은 시간이라도 아이들 마음을 설레게 하는 활동이 있었으면 한다. 놀이, 이야기, 춤 어떤 것이든 좋다. 아침 시간 운동장에서 줄넘기, 점심시간 나들이, 수업 끝나고 운동장에서 헤어지기 같은 활동도 할 수 있다. 금요일 점심시간, 아이들이 좋아하는 노래를 들려주는 것도 한 방법이다. 노래에 맞춰 춤추는 학생들 옆에 선생님도 살짝 끼어 함께 춤추면 더 좋다. 이런 즐거움으로 학생들이 설레면서 기다리는 날이 주에 하루 정도 있으면 좋겠다.

주말 이야기

우리 반은 월요일 아침마다 주말 이야기를 한다. 주말 이야기를 나눌 때는 책상을 돌려 둥글게 둘러앉은 채로 부회장이 진행한다. 부회장이, "지금부터 주말 이야기 나누기를 할게요. 누가 먼저 할래요?" 하면 아이들은 손을 든다. 손을 든 학생이 이야기를 마치면 다른 친구들이 궁금한 질문을 한다.

주말 이야기를 나눌 때 한 번씩은 색깔로 표시해 보라고도 한다. '저의 주말 색깔은 ○○색입니다. 왜냐하면 ○○을 했기 때문입니다.' 이런 식이다. 주말 이야기를 늘 하니까 무엇보다 아이들 말이 좋아진다. 말소리가 커지고 또렷해진다. 말을 하는 방법도 좋아지는 것이 눈에 보인다.

다른 학생이 이야기할 때 듣는 모습도 갈수록 나아진다. 주말 이야기를 하면서 단지 말만 듣는 것이 아니라 친구의 삶도 조금 더 이해하게 되고 서로가 관심을 갖게 된다.

금요일마다 하는 '이번 주 이야기' 시간도 있다. 학급회의가 그 구실을 하기도 하지만, 학급회의를 하지 못한다면 이번 주 살아온 이야기를 따로 나눠도 좋다. 이야기를 나누지 못할 땐 글로 써서 남기기도 한다.

시로 여는 아침

목요일 아침마다 우리 반 학생들은 '시로 여는 아침'을 한다. 그날은 글똥누기를 쓰지 않아도 된다. '시로 여는 아침'은 학생들에게 좋은 시 한 편을 주마다 느끼게 하고 싶어서 시작했다. 수요일에 퇴근할 때 아이들이 보면 좋아할 만한 시를 칠판에 크게 써 둔다. 어른들이 쓴 동시보다는 어린이들이 쓴 시를 많이 써 주는 편이다. 또래 아이가 쓴 시에 아이들은 훨씬 더 공감하기 때문이다. 가끔은 학생들이 직접 칠판에 시를 쓰기도 한다.

학생들은 칠판에 써 둔 시를 '시로 여는 아침 종합장'에 그대로 따라 쓴다. 색연필로 예쁘게 꾸미기도 한다. 예쁘다는 기준은 따로 없다. 그렇게 꾸민 뒤에 다 같이 시를 낭송하고, 읽은 느낌을 이야기하고, 시에서 연상되는 노래를 부르기도 하고, 자기 경험을 드러내기도 한다. 이것이 주마다 하는 '시로 여는 아침' 활동이다.

주말 과제

주마다 삶을 가꾸는 주말 과제를 낸다. 집에서 식구들과 함께 했으면 하는 과제다. 부모님 안마해 드리기, 자기가 먹은 밥그릇 직접 치우기, 하늘을 보고 큰소리 지르기 들이 있다. 부모님과 함께 하거나 가끔은 자연과 어울리면서 자기 생각과 모습을 돌아볼 수 있는 활동을 주말 과제로 내주고 있다.

주에 하루 도전하기

급식 남기지 않기 운동은 많은 교실에서 하고 있다. 학교 전체로 실시하는 곳도 많다. 일주일에 하루 날을 정해서 그날은 음식을 남김없이 먹기로 약속한다. 교실에서 이뤄지는 급식이라면, 그날 하루만은 교실로 온 밥을 다 먹기로 약속해 보면 좋다. 물론 이런 활동도 즐겁게 해야 한다.

가끔은 '모두가 도전하는 날'을 정하기도 한다. 그날 학생 모두가 과제와 준비물을 챙겨 오면, 자유시간 10분 같은 작은 보상을 주는 것도 즐거운 활동이다.

그 밖에 활동들

주마다 꼭 하는 활동들이 더 있다. 기타 동아리는 주마다 한 시간씩 모여서 연습한다. 학급어린이회의도 금요일마다 한 시간씩 하고 있다. 또 금요일이면 반 학생들 모두가 같은 빛깔 옷을 입거나 같은 활동을 함께하는 '아띠'를 한다.

선생님도 주마다 챙길 일이 있다. 금요일에는 부모님들에게 편지를 쓴다. 주마다 놓치지 않고 전하고 싶은 교실 이야기를 글로 써서 드린다. 주에 한 편씩 책도 읽어 준다. 은근히 놓치기 쉬운 활동이어서 칠판에 책을 올려 두었다가, 주에 한 권이라도 책을 읽어 주려고 애쓰고 있다.

주마다 하는 활동은 담당 모둠이나 학생을 정해서 진행해도 좋다. 주말 이야기는 부회장이 진행하고, 희망의 노래에서는 어떤 노래를 할지 아이들과 함께 고르기도 한다. 시로 여는 아침은 시를 고르거나 칠판에 쓰는 일을 모둠이나 한 학생에게 따로 맡길 수도 있다. 우리 반에는 행복 모둠이 있는데 주말 과제나 아띠 주제도 이 모둠에서 선택한

다. 물론 모둠에서 스스로 정하는 것을 힘들어할 때는 선생님이 도와
주기도 한다.

3. 월별 학급운영

달마다 학생들과 사는 이야기는 학교 행사 또는 계기교육이라고 말
한다. 계기교육은 한 해에 한두 번 하는 활동이 많아서 잊어버리기가
쉽다. 그래서 더 잘 챙겨야 한다. 1년에 한두 번 하는 것이니까 아이들
에게 더 큰 즐거움이자 행복이 될 수 있기 때문이다.

4월 활동

4월 20일 장애인의 날을 맞아, 장애 체험 활동을 한다. 장애인이 일
상에서 겪는 불편함을 몸소 느껴 보는 시간이다. 말하지 않고 지내기,
손을 쓰지 않고 글을 쓰거나 그림 그리기, 소리 없는 영상 보기, 눈을
감고 영상 보기, 운동장에서 한 발로 걷기 같은 활동을 한다. 처음에는
놀이로 즐기던 학생들도 시간이 지나면서 불편함을 느낀다. 이런 활동
은 1년에 한 번 행사로만 그치지 않고, 학생들이 장애인의 삶을 몸과
마음으로 느끼는 시간을 자주 가졌으면 한다.

4월에는 만우절이 있다. 이 날은 흔히 학교 방송으로 학생들에게 어
디로 오라고 가볍게 거짓말하면서 만우절 놀이를 한다. 그런데 우리
반은 학생들과 마음을 모아 부모를 속인다. 학생들에게, "부모님께 보
여 드려라." 하고서는 알림장에 자그마한 편지를 붙이게 한다. 편지 내

장애인의 날이 있는 4월에는 눈을 가리고 영상을 보거나(위) 손을 쓰지 않고 글쓰기처럼(아래) 장애인의 삶을 겪어 보는 활동을 한다.

용은 '제가 전근을 가게 돼서 아이들과 헤어지게 되었습니다. 미안합니다.'이다. 학생들에게는 이 글을 읽어 본 부모님 반응을 꼭 기록해 오라고 한다. 편지 뒷장에는 '속으셨나요?' 하면서 장난이었다는 글과 '더 잘 살게요.' 하는 다짐을 써 둔다. 부모님들이 조금 놀라기도 하지만, 나중에는 그냥 작은 행사로 웃으면서 받아 주신다.

5월 활동

5월은 행사가 많은 달이다. 보통 체육대회 겸 운동회를 많이 한다. 학생들 합동 무용이 갈수록 사라지고 있지만, 만일 하게 된다면 준비 과정에서 학생들이 힘들어할 수도 있다. 3, 4월에 애써 쌓은 관계가 금이 가지 않도록 잘 조절해야 한다. 잘하려는 마음보다 즐겁게 하려는 마음으로 준비한다면 학생도 선생님도 함께 즐길 수 있다.

6월 활동

6월에는 아이들과 통일, 평화 이야기를 주로 책과 함께 나누고 있다. 《몽실언니》(권정생 글, 이철수 그림, 창비) 같은 책은 한 달 만에 다 읽지는 못하지만, 6월부터 시작해서 내용이 끝날 때까지 꾸준히 읽어 준다. 평화 이야기를 담은 그림책 《세상에서 가장 아름다운 나의 마을》(고바야시 유타카 글, 길지연 옮김, 미래아이)도 자주 읽어 준다.

'선 넘지 않기' 활동도 해 본다. 교실을 앞뒤로 구분 지어 선을 긋거나, 끈으로 반을 나누어서 남과 북이 휴전선으로 나뉜 상황을 연출한다. 앞에서는 뒤로 갈 수 없고, 뒤에서는 앞으로 올 수 없다. 또 앞은 앞문만을 쓰고, 뒤는 뒷문만을 써야한다. 앞에서 뒤로 갈 때, 뒤에서 앞으로 올 때는 서로 협의해서 동의를 받아야 이동할 수 있다. 남북 분단 상황을 교실에서 대신 겪어 보는 활동이다.

7월 활동

7월이면 아이들이 무척 더워한다. 더위에 한창 지칠 무렵 운동장에서 페트병에 물을 넣고 아이들과 물놀이를 한다. 긴 시간 할 수는 없고 수업 마치기 전 10분에서 20분 정도 한다. 물놀이할 때는 물이 소중하다는 생각을 가질 수 있도록 주의해서 지도해야 한다. 가뭄일 때는 하지 않는다.

물놀이를 할 때는 주의점을 꼭 이야기한다. "쏘지 말라고 하면 쏘지 않는다. 물을 뜨는 수돗가에서는 맞히지 않는다. 스탠드에 올라가지 않는다." 같은 것들이다. 학생들에게도 물어본다. "왜 스탠드에 올라가면 안 될까?" 미끄러워서 안 된다는 것을 아이들이 더 잘 안다. 물놀이를 하고서는 바로 집으로 간다. 그래야 감기에 걸리지 않기 때문이다. "내일 감기에 걸리면 이런 놀이 다시는 못 한다." 학생들에게 농담 삼아 당부도 한다. 물놀이할 때 선생님은 어떻게 해야 할까? 함께 처음부터 어울려야 할까? 아니면 구경만 해야 할까? 아이들 모습을 살펴다가 마지막 2~3분 정도 신나게 같이 어울리는 게 적당해 보인다.

방학과 개학

여름방학에 우리 반 공통 과제 세 가지가 있다. '머슴처럼 집안일 하기, 봉숭아 물들이기, 얼굴과 몸 새까맣게 태우기'다. 개학하면 과제를 확인한다. 까맣게 태운 것은 눈에 탁 드러나고, 봉숭아 물들인 것은 아이들 손을 모아서 사진을 찍어 주면 그 사진만으로도 참 예쁘다.

아이들이 선택 과제로 만들기나 그리기를 해 오면 책상에서 전시회를 연다. 전시해 둔 작품 옆에 글똥누기 수첩이나 다른 공책을 펼쳐 두면 아이들이 돌아다니면서 느낀 점을 써 준다.

9월 활동

9월은 추석이 다가오는 달이다. 추석 즈음 학생들과《솔이의 추석 이야기》(이억배 글과 그림, 길벗어린이) 책을 함께 읽고 추석 때 무엇을 하는지, 어디로 가는지 이야기를 나눈다. 1학년과 공부할 때는 같이 송편을 만들기도 했다. 그 뒤로 송편까지는 아니어도 여러 가지 추석 음식을 나누어 먹고 있다.

10월 활동

10월은 책 읽기에 참 좋다. 바람 불고 햇살 좋은 날 아이들과 책을 읽으러 밖으로 나간다. 운동장에 앉아서 책을 보는 아이들 모습이 보기 좋다. 그때 당부하는 말이 하나 있다. "되도록이면 혼자서 보렴." 그런데 둘이 모여서 보거나 책을 보지 않고 이야기 나누는 아이들도 있다. 그러면 어떤가? 화창한 날씨를 벗 삼아 책을 보고, 이야기 나누는 그 모습만으로도 충분히 좋은 시간이다.

11월 활동

11월에는 '빼빼로 데이'가 있다. 학생들은 빼빼로 데이가 되기 전에 미리 토론을 하면서 우리 반에서 이날을 어떻게 지낼지 정한다. 이야기 나눈 결과에 따라 조금씩 다르지만, 보통 우리 반은 '빼빼로 데이 바르게 알리기 운동'과 '연필 깎기 대회'를 한다.

연필 깎기 대회는 빼빼로처럼 길쭉한 연필을 반 학생 모두가 깎으면서 즐기는 행사다. 특별히 상을 주거나 하지 않아도 학생들이 좋아한다. 빼빼로 데이 대안 활동으로 추천할 만하다.

12월, 2월 활동

12월, 2월은 한 해 학급운영을 잘 마무리하는 달이다. 그런데 학년 말이라 자칫 학급 분위기가 산만해질 수도 있다. 학년 말에 맞는 뜻깊은 학급운영을 하되, 분위기가 흐트러지지 않도록 각별히 신경 써야 한다.

마무리 잔치로 학급 학예회를 가장 많이 한다. 교실에서 함께한 활동이 있다면 전시를 하거나 공연으로 풀어낸다. 이런 형식이 부담스럽다면 음악 시간에 노래를 부르거나 악기 연주 시간을 가져도 좋다. 학생들이 꾸준하게 쓴 일기나 글똥누기는 문집으로 엮을 수도 있다.

배움짝과 복습장

1. 배움짝과 학급 문화

배움짝은 혼자서만 열심히 하는 것이 아니라 친구와 함께 서로 도우면서 공부하는 활동이다. 배움짝이 제대로 이루어지려면 먼저, 모르는 것을 스스럼없이 말할 수 있는 학급 문화가 밑바탕이 돼야 한다.

3월부터 계속 학생들에게 말한다.

"모르는 것을 말하지 못하는 것이 어쩌면 더 부끄러운 일이다. 모르는 것은 모른다고 이야기해라. 사람마다 분야는 다르지만 모르는 것이 다 있다. 나도 모르는 것이 아직 많다."

모르는 것은 드러내고, 아는 것은 도와주면서 함께 성장하는 학급 문화를 먼저 다지는 것이 중요하다.

우리 반은 3월에 '꼴찌를 위하여' 노래를 자주 부른다. 학생들이 이 노래를 다 알 때쯤, "혹시 여러분은 꼴찌인 게 없나요?" 하고 묻는다. 망설이던 학생들이 자기가 못하는 것을 조금씩 드러낸다.

공부는 잘하지만 운동을 못하는 남학생, 그림은 잘 그리지만 노래는 못한다는 여학생처럼 저마다 잘 못하는 게 하나씩 있다. 이렇게 누구나 못하는 것이 있으니 서로 잘하는 것을 나누며 살자는 이야기를 노래와 함께 들려준다.

● 꼴찌를 위하여(한돌 작사, 작곡)

지금도 달리고 있지 하지만 꼴찌인 것을
그래도 내가 가는 이 길을 가야 하겠지

일등을 하는 것보다 꼴찌가 더욱 힘들다
바쁘게 달려가는 친구들아 손잡고 같이 가 보자

보고픈 책들을 실컷 보고 밤하늘에 별님도 보고
이 산 저 들판 거닐면서 내 꿈도 지키고 싶다

어설픈 일등보다는 자랑스런 꼴찌가 좋다
가는 길 포기하지 않는다면 꼴찌도 괜찮은 거야

서로 설명하기 효과

서로 설명하는 것이 얼마나 큰 효과가 있는지는 '학습 효율성 피라미드' 그림에서 잘 엿볼 수 있다. 그림에 따르면 강의 듣기는 5퍼센트, 읽기는 10퍼센트, 토론은 50퍼센트의 효과가 있다고 한다. 그런데 놀랍게도 친구들끼리 서로 설명하는 것은 90퍼센트 효과가 있는 것으로

● 학습 효율성 피라미드

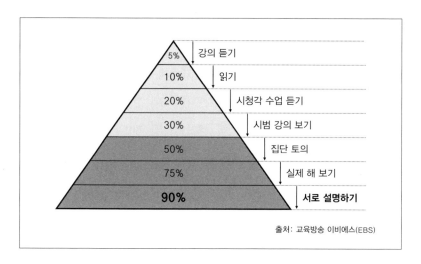

5%	강의 듣기
10%	읽기
20%	시청각 수업 듣기
30%	시범 강의 보기
50%	집단 토의
75%	실제 해 보기
90%	**서로 설명하기**

출처: 교육방송 이비에스(EBS)

드러났다.

우리 반 학생들이 수업 시간에 하고 있는 배움짝이 '서로 설명하기' 라고 보면 된다.

2. 여러 가지 배움짝

수학 배움짝

우리 반은 수학 시간에 배움짝으로 공부한다. 처음에는 서로를 잘 모를 때니 옆 짝이 배움짝이 된다. 자연스럽게 서로 도와주는 활동을 3월, 4월까지 이어 가다가 학생들 성격이나 성적을 고려해서 배움짝 을 다시 꾸린다. 이때 자존심을 건드리거나 마음에 상처가 되면 안 되기에 굉장히 조심스럽다. 처음에는 친한 동무들끼리 엮어 주는데 남학생들은 서로 장난치느라고 효과가 없을 때가 많다. 그럴 땐 신경 써서 바꿔 준다.

배움짝을 하면 친구 점수가 어떻게 되는지, 이 문제는 어느 정도 아는지 계속 관심을 갖게 된다. 배움짝 시험지에 점수를 매길 때면 옆에 와서 궁금해하고, 배움짝한테, "몇 점이야? 몇 개 맞았어?" 하면서 자꾸 묻는다. 틀린 것이 있으면 다시 앉아서 설명도 꼼꼼하게 해 준다.

함께 성장하려는 분위기가 어느 정도 자리 잡히면 배움짝을 했던 친구들 점수를 모두가 궁금해한다. 자기들이 생각했던 것보다 점수가 높게 나오면 모두가 함께 손뼉 치면서 애쓴 것을 축하한다. 보통 5학년, 6학년 되면 수학을 포기하는 아이들이 많은데 배움짝들은 포기하는 아이가 적었다.

수학 익힘책을 푸는 속도는 학생마다 모두 다르다. 학습력이 뛰어난 학생들은 풀고 나서도 시간이 남고, 정해진 시간이 다 지나도 못 푸는 학생들이 있다. 그래서 더욱 배움짝이 필요하다.

문제를 빨리 푼 친구가 다 풀지 못한 배움짝을 도와주기 때문에 학생들 대부분이 수업 시간에 수학익힘책을 다 풀 수 있다. 이럴 때는, "함께 도우며 성장하는 모습이 참 보기 좋아요." 하고 칭찬하면서 아이들 마음을 북돋아 준다.

● **배움짝을 한 아이가 쓴 일기**

제목: 수학 실수

날짜: 2014년 5월 28일 수요일

날씨: 따뜻하기도 하고 더움

오늘 수학 시험을 보았다. ○○는 20문제에서 12점을 맞았는데 나처럼 풀이 과정은 맞게 썼지만 답을 잘못 쓴 것도 있었다. 그래도 선생님께서 13점으로 해 주셔서 나도 덩달아 기분이 좋았다. ○○가 틀린 문제에는 몇몇 문제가 실수로 틀린 것이었다. 그래서 나는 ○○가 틀린 문제를 설명해 주며, "시험에 이런 실수하면 틀리니까 꼼꼼하게 풀고, 다 푼 다음에는 꼼꼼하게 확인해야 돼"라고 말해 주었다.(8시 27분, 내 방.)

군포양정초등학교 5학년 3반 채수진.

사회 시간 배움짝

우리 반은 사회 수업을 할 때마다 공책 정리를 한다. 1학기 때는 종합장에 생각그물(마인드맵)로 정리를 한다. 2학기에는 줄 공책을 준비해서 정리, 메모, 요약을 중요시하는 코넬식 공책 정리법을 활용한다.

5학년이든 6학년이든 공책 정리가 쉽지 않다. 첫 시간에는 담임과 같이 하고 그다음부터는 스스로 해 보도록 이끈다.

먼저 옆 짝 것을 보게끔 한다. 만일 옆 짝도 잘 하지 못하면 잘 할 수 있는 다른 학생들 것을 참고하도록 한다. 이때 학생들은 자리를 바꾸기도 하는데 모둠 안에서만 움직일 수 있도록 했다. 사회 공책 정리한 것은 모든 아이들이 했는지 날마다 확인하고, 잘 못하는 아이들을 집중해서 지도한다.

쓰기 배움짝

1학년은 글자를 깨치는 데 어려움이 있는 학생들이 더러 있다. 그래서 알림장을 쓰거나 글똥누기를 할 때 어려움이 많다. 이럴 때는 선생님이 주로 돕지만 짝이 글자 쓰는 것을 도와주기도 한다.

글똥누기를 할 때 글자를 잘 모르는 학생이 먼저 말로 이야기를 하면 짝은 그 말을 글자로 써 준다. 글자를 잘 모르는 학생은 짝이 쓴 글자를 보고 따라서 그대로 다시 한 번 더 쓴다. 그러면서 저절로 쓰기 공부를 하게 된다.

미술 시간 배움짝

우리 반 미술 수업은 학생들이 원할 때, 하고 싶은 내용을 스스로 정해서 한다. 1학기와 2학기 첫 미술 시간에 아이들은 교과서를 펴고 친구들과 같이 한 학기 계획을 세운다. 어떤 주제로 하고, 개인 준비물은 무엇이고, 학교에 있는 재료는 무엇이고, 혼자서 할지 모둠으로 할지 또는 학급 전체가 할지를 의논해서 정한다. 언제 할지는 바로 날을 잡지 않고 학생들이 그때그때 맞춰서 정한다.

한 달에 한 번은 학급 전체가 같은 주제로 하는 날이 있고, 나머지는 학생들이 원하는 주제를 스스로 준비해서 한다. 자기가 힘들어하는 그림 색칠은 옆에서 도와주고, 자기가 잘하는 찰흙 만들기는 옆 동무를 도와준다. 반 학생 모두가 함께 계획하고, 준비물 챙기고, 만들고 하면서 1년 동안 미술 시간을 보낸다.

기타(악기) 배움짝

기타도 함께 배운다. 주로 쉬는 시간에 친구끼리 배움짝이 된다. 2학기가 되면 기타 동아리 학생들이 음악 시간을 재구성해서 다른 동무들에게 기타를 가르친다. 6학년 선배들이 와서 5학년 학생들을 한 명한 명 가르쳐 주기도 한다. 선배들이 후배들 배움짝이 되는 것이다.

기타가 아니어도 상관없다. 리코더 같은 악기를 지도할 때도 잘하는 친구와 못하는 친구가 함께 배움짝을 하면 된다. 선생님이 억지로 엮어 주지 않더라도 학생들은 자연스럽게 서로 배움을 나눈다.

장애 친구 배움짝

장애를 가진 학생은 학급 구성원 모두가 배움짝을 할 수 있도록 이끌어야 한다. 자리에 앉는 것부터 수업 준비, 밥 먹기, 가방 챙기는 일까지 누구라도 도움을 줄 수 있도록 학급 문화를 세워야 한다. 특히 옆짝은 장애가 있는 학생에게 더 많은 관심을 쏟아야 한다. 그래서 모둠이나 짝을 꾸릴 때 장애를 가진 친구를 헤아릴 수 있는 학생이 함께할 수 있도록 신경을 쓰고 있다.

3. 복습장

하루를 마칠 때, "오늘 우리가 배운 내용은⋯⋯." 하면서 학생들과 수업 내용을 다시 정리한다. 복습은 배우고 난 뒤에 바로 해 주는 것이 좋다. 오늘 수업 내용을 자기 나름으로 한 줄 써 보거나, 짝과 함께 이야기 나누면서 서로 묻는 것도 배운 내용을 정리하면서 기억하기에 좋은 방법이다.

학부모 공개수업

우리 반은 복습장을 3월 첫날부터 하지 않고 4월 또는 늦으면 6월에 시작하기도 한다. 그 까닭은 복습을 하는 학생들과 그 모습을 옆에서 지켜보는 학부모들의 마음을 먼저 얻기 위해서다. 그래서 학부모 공개수업을 한 뒤에야 복습장을 시작할 때가 많다.

4월부터 6월 사이에 학부모 공개수업을 할 때, 우리 반은 '초등학생은 공부하는 학원(영어, 수학)에 가지 말아야 한다.'를 주제로 토론 수업을 한다. 학생들이 찬성, 반대를 준비하고 일대일 토론, 짝토론을 한다.

토론 수업은 30분 정도만 하고 토론을 지켜본 부모님들께 '공부를 잘하는 법'을 주제로 10분 특강을 한다. 학생들도 같이 듣는다. 특강을 하면서 '공부를 잘하려면 선행 학습으로 학원에 갈 것이 아니라, 그날 그날 배운 것을 복습하는 버릇을 들여야 한다.'고 강조한다. 그런 뒤에 "다음 주부터 '내 삶'이라는 복습장을 시작하겠습니다." 하고 말한다. 그러면 학생들이나 학부모들도 자연스럽게 복습장을 하는 것이 좋겠다고 여기게 된다.

내 삶 복습장

학생들은 날마다 '내 삶'이라는 이름으로 복습장을 정리한다. 그날 하루 학교에서 배운 내용을 집에서 정리하고, 다음 날 아침에 담임에게 낸다. 전날 하지 못했다면 수업 마치기 전까지 마무리해서 보여 주고 가야 한다.

복습장은 연습장에 생각그물로 정리한다. 먼저 6교시까지 시간표를

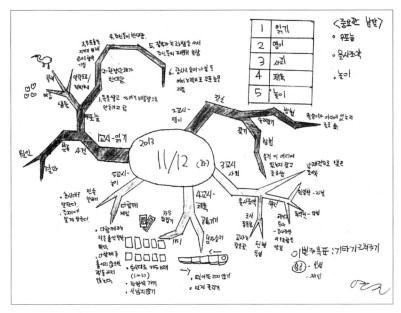

생각그물로 하루 수업을 정리한 복습장. 학생들마다 정리하는 모습이 서로 다르다.

쓰고, 그 시간에 배운 내용들을 작은 가지로 뻗어 가면서 적는 방법이다. 학생들마다 정리해 오는 모습이 저마다 다르다. 따로 양식을 정하지 않는 까닭은 학생들만의 '내 삶'이 서로 다른 모습이길 바라기 때문이다. 가끔 '내 삶' 전시회를 여는데 그때 다른 동무들이 한 작품을 보며 참고하기도 한다.

'내 삶 복습장'을 왜 할까? 두 가지 까닭이 있다. 하나는 날마다 하루 공부를 돌아보는 시간을 갖기 위해서다. 저학년 때는 하지 않고 5, 6학년 학생들 위주로 하고 있다. 많은 학생들이 학원을 다니며 선행 학습을 하지만, 학교 공부에다가 새로운 것까지 더 배우자니 너무 힘들다. 학교에서 공부한 것만이라도 한 번 더 복습하길 바라는 마음이다.

또 다른 까닭은 수업 시간에 조금 더 집중하도록 하기 위해서다. 복습장을 하면서 무엇보다 눈에 띄는 것이 학생들이 수업 시간에 집중하는 모습이다. 집에서 복습장을 하려는데 생각이 잘 안 나니까 조금 더 열심히 듣게 되는 것이다.

듣기만 해서는 기억이 덜 나기 때문에 학생들은 시키지 않아도 작은 수첩을 준비한다. 수업을 듣거나 함께 발표를 할 때 수첩을 옆에 두고 짧게 기록한다.

복습장을 하고 나서부터 물음도 많아졌다. "선생님, 금방 뭐라고 했어요?" 이전에는 그냥 흘리던 이야기도 하나하나 놓치지 않으려고 정성껏 듣고 그 내용을 기억하려고 애쓴다.

정보 나누기

생각그물로 정리하기
복습장이나 사회 공책 정리에 쓰는 생각그물은 다른 활동에서도 쓰임새가 있다.

1. 토론할 때: 논제 분석에 쓰인다. 논제 분석에 필요한 큰 가지로는 '개념 정의, 찬성의 근거, 반대의 근거'가 있다. 논제에 들어 있는 낱말의 정의를 한 가지로 뻗어 가게 한다. 아울러 논제에서 찬성과 반대의 근거도 함께 이야기 나눈다.

2. 규칙을 정할 때: 3월에 학급 규칙을 만든다면, 생각그물에서 뻗어 가는 큰 줄기로 장소를 정할 수 있다. 교실, 복도, 계단, 운동장, 화장실로 작은 가지를 정하고 그곳에서 지켜야 할 행동을 정리할 수 있다.

3. 문제가 생겼을 때: 문제 해결 과정에도 쓰인다. 어떤 일이 생겼을 때 그 일에서 '상황, 문제점, 해결 방안'을 큰 가지로 이야기 나눈다. 그 일로 생겨난 문제점을 드러내고서 해결 방안을 찾는다.

시험

1. 함께 준비하기

"수학이나 사회 공부에 도움이 필요한 사람?" 여학생 둘이 손을 든다. "우리 손뼉 한번 쳐 주자. 정말 용기가 대단해. ㅇㅇ 공부 도와줄 사람? ㅇㅇ야, 누가 네 공부 도와주면 좋겠니?"

보통 때도 배움짝을 통해 도움을 주고받지만 시험을 앞두고 다시금 짝을 맺어 주기도 한다. 이렇게 만든 짝끼리 수업을 마치고 남아서 공부를 한다. 공부할 자료는 선생님에게 부탁한다. 물론 아이들이 무거운 분위기로 공부만 하지는 않는다. 공부보다 노는 시간이 많을 때도 있다. 그냥 친구끼리 놀듯 공부하면서 시험을 같이 준비한다.

배운다는 건, 꿈을 꾸는 것

'배운다는 건, 꿈을 꾸는 것.' 대안학교인 간디학교 교가 '꿈꾸지 않으면'의 노랫말 일부다. 교실에서 아이들과 자주 부르는 노래이기도 하다. 시험 보기 전날, 칠판 가운데에 '배운다는 건, 꿈을 꾸는 것'이라고 크게 쓴다. 이 글은 시험 볼 때 계속 칠판을 차지하고 있다. 학생들이 칠판에 있는 이 글을 보며 지금 하는 공부가 꿈을 키워 가는 과정이라고 생각했으면 하는 바람이다.

● **꿈꾸지 않으면**(양희창 작사, 장혜선 작곡)
꿈꾸지 않으면 사는 게 아니라고
별 헤는 마음으로 없는 길 가려네
사랑하지 않으면 사는 게 아니라고
설레는 마음으로 낯선 길 가려 하네

아름다운 꿈꾸며 사랑하는 우리
아무도 가지 않는 길 가는 우리들
누구도 꿈꾸지 못한 우리들의 세상 만들어 가네

배운다는 건 꿈을 꾸는 것
가르친다는 건 희망을 노래하는 것
우리는 알고 있네
배운다는 건, 가르친다는 건, 희망을 노래하는 것

시험 전날 퇴근하기 전에 칠판 한쪽에 편지도 써 둔다. 짧은 글이지만 시험 보느라 애쓴 아이들 마음을 풀어 주는 데 조금이라도 도움이 되고 싶은 마음을 담아 쓴다.

시험 보는 날

시험을 보는 날은 아침 일찍 학교에 간다. 교실에 먼저 도착해서 학생들을 맞이하고 싶어서다. 아침 시간이 생각보다 시끌벅적하지만 그냥 둔다. 아이들이 긴장하기보다는 편안했으면 하는 마음이다.

조금 뒤에 시험 치기 전 마음을 글똥누기에 쓴다. 몇몇이 발표를 하는데, 시험이 걱정이라는 내용이 많다. 아이들 마음을 달래 주고자 '꿈꾸지 않으면' 노래를 정성껏 불러 준다.

시험지를 나눠 주고 시험을 보는데 모두가 고개를 숙이고 힘든 얼굴이다. 되도록 마음 상하는 말이나 잔소리를 하지 않으려고 애쓴다. 시험을 마치면 다시 글똥누기를 쓴다. '아아아아아, 시험 끝이다. 이제 자유다.' 같은 글이 가득이다. 마지막 노래를 부를 차례다. 시험 마치고 늘 하는 노래, '꼴찌를 위하여'를 아이들과 신나게 부른다.

2. 시험을 마치고

새 시험지로 확인하기

시험을 마치고 한 주 동안은 학생들과 시험 이야기를 하지 않는다. 그렇지만 시험지를 다시 살피며 공부할 필요는 있다. 대부분 아이들은 시험 다음 날 자기들이 본 시험지를 받는다. 시험지를 확인하지만 틀린 것을 살피기보다 점수만 신경을 쓴다. 서로 점수를 견주면서 자기 점수가 높으면 으쓱하고, 낮으면 기가 죽는다.

우리 반은 시험 시간에 보았던 것과 똑같은 새 시험지를 다시 준다.

그러기 위해서는 미리 복사를 해 둬야 한다. 아이들은 다시 받은 새 시험지를 푼다. 한 번 풀었던 문제이니 푸는 시간이 빠르다.

이때 유심히 살피면 아이들 표정이 참 편안하고 별로 힘들어하지도 않는다. 이 시험지로 평가를 할 때와는 다른 모습이다. 시험 볼 때도 이런 표정으로 편안하게 문제를 풀 수 있으려면 어떻게 해야 할지 늘 생각하게 된다.

결과 통지

시험을 마치면 그 결과를 집으로 가져간다. 학부모에게 보여 준 시험지는 다시 걷어서 학생 별로 파일에 차곡차곡 보관한다. 학기에 한두 번은 시험 결과 통지에 학급 생활과 교과 학습을 스스로 돌아보는 '자기 평가서'도 같이 보낸다. 자기 평가서 한 켠에 담임이 쓴 글도 함께 담는다.

지금은 시험 점수를 학생 집으로 보내지 않지만 몇년 전에는 학교 차원에서 통지표로 나갈 때도 있었다. 과목별로 학년 전체 평균 점수에 개인 점수가 나가기도 했다. 이때는 고민 끝에 부모님께 드리는 편지를 썼다. 통지표를 편지 봉투에 넣고, 부모님께 쓴 편지는 봉투 바깥에 붙여서 보냈다.

● 통지표와 같이 보낸 편지

학부모님께 드립니다. 시험 점수를 보면, 늘 불만스럽죠? 그 기분은 우리 아이들이 더 클 겁니다. 열심히 공부했는데, 내가 공부한 것이 안 나오고, 잘 알고 있었고 열심히 공부했는데도 시험지를 앞에 두면 헷갈리기 마련이죠. 그러니 시험을 칠 때부터 우리 아이들은 마음이 힘듭니다.

"선생님, 시험 결과 나오면 저는 죽어요." 하는 모습을 볼 때면 안쓰럽기 까지 하네요. 이제 곧 중학생이 되고, 공부에 더 매달릴 텐데 벌써부터 힘들어하니까요.

"선생님, 후배들 많이 놀라고 그래요. 그때 놀지 않으면 정말 놀 시간이 없어요."

고등학교 다니는 참사랑땀 반 6기 학생이 저에게 신신당부한 이야기랍니다.

이영근 드림.

보상

1. 스티커 보상제도

스티커 보상제도는 잘하는 것은 칭찬하고 잘되지 않을 때는 격려하려는 목적으로 운영한다. 많은 교실에서 급식이나 책을 읽을 때 스티커 보상제도를 한다. 일기는 아이들 인권과 이어지기 때문에 이 제도와 어울리지 않는데도 한때는 많이 하기도 했다.

아이들 성장을 위해서 스티커 보상제도를 운영한다고 했지만, 혹시나 아이들을 관리하는 수단이 되어 버리지는 않았는지, 다른 친구를 이기거나 보상을 받기 위한 경쟁이 되어 버리지는 않았는지, 무엇보다 3월에 잘하려고 시작했던 것이 헤어지는 이듬해 2월까지 꾸준히 잘되고 있는지 꼼꼼히 따져 봐야 한다.

교육에 있어서 잘하는 학생들을 북돋는 것도 가치가 있지만 잘 못하는 아이들을 한 걸음 더 나아가게 돕는 것이 더 중요하다고 본다. 스티커 보상제도를 해 보니 잘하는 학생들만 더 잘하게 되고 못하는 아이들은 심한 좌절감을 맛보게 만드는 경우가 많았다. 아이들 관계에서 경쟁이 되어 버리는 모습도 많이 봤다. 게다가 이 제도는 활동 자체가 목적이 되어 버릴 수도 있다.

독서 스티커 보상제도만 해도 아이들이 책을 좋아하도록 이끌기보다는 책 권수 채우는 수단으로 변질되기 쉽다는 단점이 있다. 이런 까닭으로 함께 성장하는 학급 문화에 맞지 않다고 판단해서 우리 반은 스티커 보상제도를 운영하지 않는다.

독서인증제

독서인증제를 하는 학교가 많다. 스티커 제도와 다를 바 없다. 학교에서 정해 준 책을 읽고 독서록을 쓸 때마다 한 권씩 인증을 받으며, 그 책 수가 한 학기에 몇 권 이상이냐에 따라 등급을 구분해서 인증서를 준다. 인증서를 받기 위해 책을 읽고 독서록을 쓰는 게 즐거울까? 도리어 책 읽는 즐거움을 뺏을까 걱정이다. 그래서 우리 반은 독서인증제를 하지 않고 자유롭게 책을 읽는다.

2. 칭찬

말로 하는 칭찬

우리 반은 보상제도나 보상물이 따로 없다. 칭찬은 그냥 말이다. 교실에서 책을 잘 읽고 있으면 머리를 쓰다듬거나 옆에 앉아 같이 읽어 보면서 칭찬을 한다.

여학생은 조금 조심스럽다. 그래서 책 읽는 모습을 자세히 담아 뒀다가 일기장에 한 줄 써 주거나, 집에 갔을 때 손전화 문자로 '책 읽는 모습이 참 좋더라.' 하고 보내기도 한다.

학생들에게 가끔 묻기도 한다. "책을 열심히 읽고 있었는데 선생님이 나를 몰라봤다고 생각하는 사람 손들어 보렴." 그러면 많은 학생들이 손을 든다. 손을 든 아이들은 모두 다른 학생들 앞에서 칭찬을 해 준다.

칭찬할 때도 조심스러운 점이 있다. 자칫하면 그 아이가 친구들에게 시기, 질투를 받을 수도 있기 때문이다. 한 학생을 칭찬할 때 그 횟수, 어떤 내용을 칭찬할지, 오늘 이 아이에게 칭찬한 것을 다른 때 다른 학생들에게도 해 줬는지, 이런 것들도 계속 생각해야 한다.

이티(ET) 칭찬

우리 반에서 가장 많이 하는 것이 '이티(ET)' 칭찬이다. 영화 〈이티〉에서 주인공과 이티가 손가락끼리 맞닿는 장면을 따라 한 것으로 1학년 학생들과 지낼 때 시작했다.

"오늘 아침에 똥 누고 온 친구?" 하면 아이들이 손을 많이 든다. 그 아이들에게 검지 손가락을 뻗으면서 눈을 마주치고, 그 아이도 내 눈과 마주치면서 손가락을 뻗는다. 그것이 칭찬이다. 그렇게 모든 아이들과 눈만 마주치면서 칭찬한다.

지금 5, 6학년인 학생들에게도 이티 칭찬을 해 준다. 이때 가장 큰 칭찬은 직접 가서 학생 손가락과 선생님 손가락이 맞닿는 거다. 손가락끼리 닿을 때면 학생들이 그렇게 좋아할 수가 없다. 작은 칭찬이라도 아이들에게는 오래 남기 때문에 자주 해 주려고 한다.

칭찬 노래

노래로 하는 칭찬도 있다. 1학년 아이들하고 지낼 때 산울림의 노래 '개구쟁이(김창완 작사, 작곡)' 노랫말을 칭찬 노래로 바꿔서 기타 치며 불러 줬다. 아침마다 아이들이 똥 누고, 일찍 자고, 이불 갠 것을 노래로 칭찬해 주면 아이들도 좋아하면서 같이 부르곤 했다.

● 칭찬쟁이

우리 같이 칭찬해요. 똥을 누고, 이불 개고, 일찍 자요.

이마엔 땀방울 마음엔 꽃방울

칭찬을 받을래, 칭찬을 받을래. 칭찬쟁이!

칭찬 남기기

가끔 칭찬 사진을 찍는다. 칭찬 받을 학생과 선생님이 같이 찍은 사진을 부모님께 보내거나 인쇄해서 학생에게 주기도 한다.

칭찬 받을 행동을 할 때 주는 선물도 있다. 선생님 사인이나 사진 스티커다. 먼저 아이들 종합장이나 공책에 유성매직으로 선생님 사인을 적고 그 옆에 "○○야, 사랑해." 라고 쓴다. 또는 라벨에 선생님 얼굴 사진을 붙여 주기도 하는데 예상 밖으로 학생들이 무척 좋아한다.

학생들을 칭찬할 때 그 잣대가 달라야 할 때가 있다. 책을 좋아하는 학생은 그 모습 그대로 칭찬하면 되고, 책을 좋아하지 않는 학생은 어떤 책이든 가까이하는 모습만으로도 칭찬해 줘야 한다. 그 아이에게는 책을 들었다는 것이 작은 시작이기 때문이다.

또 공부를 잘하는 아이와 힘들어하는 아이, 운동을 잘 못하는 아이와 잘하는 아이는 힘을 북돋는 방법이 서로 다르다. 학생들 처지에 맞게 적당한 칭찬을 해 줘야 효과가 있다.

3. 칭찬 나누기

우리 반에서는 학생들끼리 서로 칭찬하고, 스스로에게도 칭찬하는 시간을 두루 갖는다. 그러면서 자기를 사랑하고 친구를 고마워하는 마음을 함께 느낄 수 있도록 하고 있다.

나에게 하는 칭찬

알림장에 '나에게 하는 칭찬: '이라고 쓴 다음 그 옆에 하루를 돌아보면서 자기에 대한 칭찬을 쓴다. '수업 시간에 선생님 말씀을 잘 들었다, 발표를 잘했다, 김치를 잘 먹었다'처럼 저마다 스스로에게 칭찬할 내용이 있다. 이런 시간을 가짐으로써 학생들이 자기 자신을 조금 더 챙기고 사랑했으면 하는 바람이다.

오늘의 사랑이

'오늘의 사랑이'는 오늘 하루 동안 고마웠던 친구를 드러내 놓고 칭찬하는 것이다. "오늘의 사랑이 추천하세요." 하고 말하면, "OO요. 수학 문제 어려운 거 가르쳐 줬어요." "○○요. 공책 빌려줬어요." "○○요. 밥 먹을 때 맛있게 먹으라고 했어요." 하면서 친구들 이름을 계속 부른다. 담임도 덩달아 바빠진다. 아이들이 부르는 이름을 모두 알림장에 쓰기 때문이다.

선생님도 칭찬할 학생들 이름을 부르며 알림장에 쓴다. 같이 점심을 먹는 밥친구를 첫 번째로 칭찬하고, 아침에 교실 한 바퀴 청소하는 것을 도와준 학생들도 알림장에 있는 '오늘의 사랑이'에 이름을 올린다. 처음에는 아이들도 익숙하지 않은지 열 명, 스무 명 겨우 나오던 이름이 두세 달만 지나면 백 명 가까이 나온다. 그렇게 서로서로 칭찬하고 고마운 마음을 나누는 활동이 '오늘의 사랑이'다.

● 너도나도 사랑이가 되고파!

오늘 학교 끝날 때쯤 선생님께서 "이게 뭐지? 기록을 했는데 생각이 안 나네."라고 하셨다. 그래서 친구들은 "수학 학습지 아니에요?" "일기 아니에요?"라며 맞히려고 계속해서 말을 했다. 그래서 나도 생각하다가 머릿속 전구에 불이 들어오면서 "안내장 아니에요?!"라고 했다.

그래서 선생님이 '아! 맞다!'라는 표정을 지으시며, "소희, 좋아! 오늘 사랑이."라고 했다.

그다음 영근 샘 편지를 나눠 주셨는데 내가 신현서 풀을 썼다. 보니까 혜원이도 빌린 것 같다. 그래서 신현서가 "야, 너네 둘 다 나 사랑이 추천해."라고 해서 알았다고 하고, 나도 지지 않고 "너도 나 추천해" 하고서 곰곰이 생각해 보고, "내가 네 짐 서랍에 넣어 줬잖아."라고 해서 서로서로 칭찬해 주었다.

사랑이에 4번이나 나와서 기분이 좋다. 서로 칭찬하면서 기분이 좋아지는 거 같다.

군포양정초등학교 5학년 이소희.

칭찬이불

학생 한 명을 정하고, 모두가 돌아가면서 칭찬한다. 한 아이에게 이불을 덮어 주듯 칭찬으로 잔뜩 덮어 주는 것이다. '칭찬샤워'라고도 한다.

아이들은 선생님 눈에 잘 띄지 않는 칭찬거리를 정말 잘 찾아낸다. 칭찬이불로 한 아이를 돌아가면서 칭찬하는 일은 학기 말 또는 학년 말 학급운영으로도 좋다. 그 내용은 잘 모았다가 학급 문집에 싣기도 한다. 학기 말이나 학년 말이 아니더라도 학급 구성원 간에 다툼이 잦다면 수시로 돌아가며 칭찬하는 시간을 많이 가지는 것도 좋은 방법이다.

암행어사

'암행어사'는 반 친구들 몰래 하는 활동이다. 암행어사를 처음 소개할 때 친구의 잘못보다는 잘하는 것을 찾으면 좋겠다고 미리 안내를 한다.

선생님이 한 아이에게 다음 주 암행어사가 된다는 지령을 아무도 모르게 내린다. 그러면 그 학생은 그날부터 한 주 동안 우리 반 모습을 몰래 관찰한다. 암행어사가 되면 힘들어하는 것이, 친구들 잘못은 잘 찾겠는데 좋은 일 한 것은 잘 못 찾겠다고 한다. 처음엔 잘 안 보이는 듯하지만 하루 이틀 지나면 칭찬하는 눈이 조금씩 열리게 된다.

누가 암행어사인지 찾아내는 것은 반 아이들의 놀이로 한다. 아무도 못 알아맞히면 큰 소리로 다 같이 외친다. "암행어사 출두요!" 그때 암행어사였던 친구가 나와서 한 주 동안 봤던 이야기들을 발표한다.

처음에는 서로를 칭찬하는 일이 조금 낯설기 때문에 아이들이 어려워하기도 한다. 그러다가 조금씩 동무들의 좋은 점을 찾는 일이 몸에 배면서 서로를 인정하고 칭찬하는 학급 문화가 저절로 꽃피게 된다.

물론 아이들에게 늘 칭찬만 할 수는 없다. 엄격하고 단호한 꾸지람도 필요하다. 꾸지람할 때는 무엇보다 기준이 명확하고 일관성이 있어야 한다. 특히 한 아이만 따로 꾸지람을 하지 않도록 조심하는 것이 중요하다. 꾸지람은 공개로 하지 않고 따로 불러서 개인으로 하는 것이 좋다.

 정보 나누기

학급온도계

많은 교실에서 학급온도계로 학급 전체 보상을 하고 있다. 반 학생들 모두가 잘한 일이 있을 때 학급온도를 조금씩 올려 주고, 어느 온도에 다다르면 그에 맞는 보상을 해 주는 제도다. 보통 교실 뒤쪽에 학급온도계 그림을 크게 붙여 놓고 운영한다. 학생들 한 명 한 명이 노력해서 학급 전체에 기여할 수 있는 보상제도는 괜찮다고 생각한다.

학급 자치

요즘은 학급회의를 하는 교실이 드물다. 교육과정에 있는 학급회의 시간이 턱없이 모자라기 때문이다. 적어도 주에 한 시간은 학생들 회의 시간으로 보장해야 한다고 생각한다.

시간이 모자란다고 포기할 수 없는 게, 아니 어떻게든 시간을 만들어서 해야 하는 활동이 학급회의다. 생각이 다른 친구들과 지내면서 생기는 여러 문제를 함께 풀어내는 시간이기 때문이다. 그런 시간을 거쳐야만 학생들 스스로 만들어 가는 학급 공동체로 올바르게 자리매김할 수 있다.

1. 학급어린이회의

학생들 힘으로 만들어 가는 교실은 크게 두 갈래다. '학급에서 생기는 문제 스스로 풀기'와 '학급 행사 스스로 정하기'다. 학생들에게 온

전히 맡기거나 학생들 의견을 적극 반영할 때 처음에는 덜컹거리기도 한다. 선생님이 하는 것보다 시간도 훨씬 더 걸린다. 그럴수록 더 많은 기회와 기다림이 필요하다.

학급어린이회의는 학생들이 자기 이야기로 만들어 가는 교실 문화의 첫 시작이다. 아이들은 자기 의견이 제대로 받아들여진 경험보다 무시당한 기억들이 더 많다. 그래서 자기 이야기 드러내기를 두려워한다. 그렇다 보니 학생들 힘으로 꾸려 가는 교실이 아니라, 선생님이 주도하는 경우가 많았다. 하지만 학생들 목소리가 살아 있을 때 교실은 훨씬 더 빨리 안정될 수 있다.

회의 절차

지금까지 다른 반에서 해 온 회의 절차는 각 부 계획과 반성, 이번 주 생활 계획, 지난주 생활 반성, 모범 어린이 뽑기, 건의 사항 받기, 기타 토의 차례로 진행해 왔다. 이 절차가 우리 반 학급운영에 필요한가 따져 본 뒤에 가장 먼저 이 절차를 바꾸는 것부터 시작했다.

우리 반에서 회의가 열리면 이번 주에 '좋았던 점, 아쉬운 점, 바라는 점' 이야기부터 시작한다. '좋은 점, 아쉬운 점, 바라는 점'을 줄여 '좋, 아, 바'라고 부른다. 주마다 스물에서 많게는 쉰 개 가까운 이야기가 나온다. 급식이 맛있다는 사소한 것부터 친구들 사이에 생긴 갈등, 학급이나 학교에 건의할 내용까지 모두 나온다. 특히 바라는 점에서는 다음 주 학급살이에 참고할 내용도 많다.

이렇게 '좋, 아, 바'에서 나온 의견들 가운데 두세 가지를 선정해 좀 더 깊이 있게 이야기를 나눈다. 여기서 정해진 내용은 우리 반 약속이

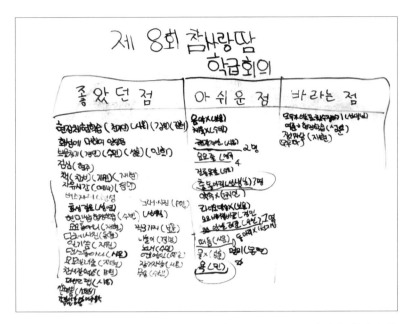

참사랑땀 반 학급회의는 다른 절차 없이 바로 '좋, 아, 바' 시간을 갖는다. 스물에서 많게는 쉰 개 가까운 이야기가 나온다. 여기서 나온 의견 가운데 몇 가지는 더 깊이 있게 이야기 나눈다.

된다. 3월에 기본 약속인 '욕과 싸움, 따돌림을 하지 않는다'만 정하고 는 학급회의에서 필요한 약속을 함께 만들어 간다. '좋, 아, 바'에 15분, 의제 선정에 5분, 의제에 대한 이야기 나누기 20분까지 해서 회의 시간 40분이 금세 지나간다.

진행에 빛깔을 더하기 위해 모둠 반성과 계획도 회의에 넣을 수 있다. 시간을 줄이기 위해서는 회의하는 날 아침에 모둠에서 미리 이야기를 나누고, 회의 시간에는 발표만 하는 것도 한 방법이다.

학급 민주주의

학급어린이회의를 하면 한마디도 하지 않는 학생들이 있다. 그러면 몇몇이 주도하는 회의가 되고 만다. 학생들에게 회의에 모두가 참여해야 하는 까닭을 자주 이야기해 줄 필요가 있다. 또한 다른 활동에서도 말할 기회를 많이 주어서 자신감을 갖도록 돕는다. 말하는 것을 거부하는 학생이라면 글로 의견을 써내도록 하거나, 짝과 함께 이야기 나누고서 발표하도록 하는 방법을 쓰기도 한다.

아울러 회의 참가자가 평등한 기회를 갖는 것은 회의에 있어 기본이다. 따라서 학생들이나 선생님이나 똑같은 기회를 가진다. 선생님도 손을 들고 회장이 발언권을 주었을 때 말해야 하고 투표할 때도 학생들이랑 똑같이 한 표씩 행사한다.

학급운영에 적용하기

학급어린이회의를 하면서 학생들이 회의 절차를 잘 알게 되면, 학급운영에도 쉽게 적용할 수 있다. 학급에서 무엇을 할지 결정할 때, "회장과 함께 회의로 정해 보세요." 하면 그만이다.

모둠에서 음식을 하거나 신문을 만들 때도 이끔이 진행으로 회의하도록 한다. 학생들은 학급어린이회의를 본보기 삼아 자기 의견을 내고, 서로 반박과 질문을 오가며 우리 학급이나 모둠에 가장 적합한 것으로 선정한다.

학급어린이회의를 하다 보면 눈물을 흘리는 아이들이 가끔 있다. 자기 의견을 말했지만 잘 전달되지 않으니 답답해서 울고, 자기 잘못보다 크게 부풀려질 때는 억울해서 운다. 따돌림 같은 이야기에서는 학생 모두가 울기도 한다.

학생이 울 때면 짝이나 동무들이 달래기는 하지만, 회의를 멈추지는 않는다. 회의 과정에서 흘리는 눈물은 이야기를 나누면서 자연스럽게 그치거나 웃음으로 바뀌는 때가 많기 때문이다.

2. 의사 결정

학급에서 어떤 일을 할 때 '누가 하지? 언제 하지? 어디서 할까? 무엇을 해 보지? 어떻게 하지? 왜 하지?' 이런 모든 것들을 학생들과 이야기할 수 있다. 하나하나 학생들과 의견을 나누면서 일의 진행에 필요한 부분들을 쉽게 결정할 수 있다.

의사 결정을 할 때 학생들 생각이 바뀌는 경우를 자주 본다. 자기 생각만 고집 부리지 않고 더 나은 의견이 나오면 생각을 바꾸는 때가 많다. 그래서 학생들 사이에 의사 결정하는 기회들을 많이 줄수록 좋다. 흔히 의사 결정을 할 때 다수결의 원칙을 많이 쓰는데 우리 반도 그렇다. 이때 소중한 소수 의견이 무시되지 않도록 신경 써야 한다.

현장학습

버스를 탈 때 학생들은 친한 동무와 앉고 싶어 한다. 보통은 그 의견을 받아들인다. 대신, "현장학습에서는 친하지 않은 동무와도 함께하는 시간을 가져 보면 좋겠다."고 말하면서 올 때나 갈 때 중 한 번은 무작위로 뽑아서 앉자고 제안한다. 학생들은 이 제안을 받아들이기도 하고, 자기들 생각대로 결정하기도 한다. 선생님 의견을 따르지 않더라도 제안한 까닭을 충분히 이야기 나눈다. 그러면 학생들도 이를 고려해서 결정을 내린다.

학생들과 현장학습 준비물도 이야기 나눈다. 우리 반에서 결정하는 내용은 다음과 같다.

'과자는 한두 종류를 가져오되 플라스틱 통에 담아 온다. 음료수는 하나만 가져오고 되도록 청량음료는 피한다. 물은 꼭 가져온다. 차에서는 과자와 음료수를 먹지 않되 물은 마실 수 있다. 쓰레기봉투는 담임이 들고 간다.'

학생들 스스로 정한 약속은 모두가 정말 잘 지킨다.

문집 제목 만들기

문집을 엮을 때 편집 도우미를 꾸려서 학생들과 함께 만든다. 문집 제목도 학생들 의견을 받아서 정한다. 보통은 편집 도우미가 반 학생들이 쓴 일기에서 구절들을 뽑아 제목 후보로 가져온다. 제목 후보를 인쇄해 칠판에 붙여 두면 학생들이 투표한다. 여기서 가장 많이 뽑힌 글이 문집 제목이 된다. 학교 신문으로 실을 글이나 우리 반 미술 대표 작품을 고를 때도 비슷한 방법을 쓴다.

모자 쓰기와 우유 마시기

학생들에게 묻는다. "우리 반에 모자를 쓰는 학생들이 많은데 모자는 교실에서 어떻게 쓰는 것이 좋을까요?" 그러면 같이 이야기를 나누면서 학생들 스스로 약속을 정한다. '모자를 멋으로 쓰는 경우엔 수업 시간에는 벗기, 머리를 깎아 어색해서 쓸 땐 이틀 정도 시간을 주기,

아침에 늦잠을 잔 나머지 머리를 정리하지 못해 부끄러워서 쓴 사람은 두 시간 정도 봐주기'로 자기들끼리 규칙을 만든다. 그다음부터는 모자 쓰고 오는 아이들도 그 결정에 잘 따른다.

학생들과 날마다 먹는 우유를 어떻게 마시는 게 좋을지 이야기 나누고서 우리 반 우유 약속도 같이 정한다.

'우유 상자는 급식 모둠에서 가져온다. 우리 모둠에서 마시는 우유는 건강이가 챙겨 온다. 우유는 3교시 전까지 다 마셔야 하고 앉아서 먹도록 한다. 우유 폭탄을 하면 안 된다. 마시던 우유를 책상에 두지 않고 다 먹는다. 우유 상자에 넣을 때는 잘 세워 둔다.'

함께 정한 약속이니 서로 잘 지키려고 애쓴다.

학생들 의견을 물으며 학급살이를 하더라도 교사가 중심을 잡고 있어야 한다. 우리 학급이 추구하는 가치에 맞지 않으면 아무리 학생들 요구라도 받아들일 수 없기 때문이다. 물론 이럴 때는 학생들을 설득할 수 있어야 한다. 이런 힘은 교사의 교육철학에서 비롯된다. 교육철학을 바탕으로 학급이 추구하는 가치를 찾되, 그 길을 교사 혼자서 계획하고 세우는 것이 아니라 학생들과 함께하는 것이 중요하다.

3. 학급 임원 토론회

우리들 생각을 모아 줄 우리 반의 대표를 누구로 뽑을까? 학생들 의사 결정의 대표 본보기가 학급 임원을 뽑는 일이다. 우리 반은 학급 임원을 토론회로 뽑고 있다.

치열한 토론

학급 임원 토론회는 그전에 해 오던 임원 선거 형식을 조금 바꿨다. 후보 등록과 공약 발표까지는 기존 방식으로 하고 그다음 이어질 새로운 과정을 만들었다. 사회자 질의, 후보자끼리 질의, 유권자 질의 시간과 최종 발언이다. 이 과정을 모두 거친 다음 투표를 한다. 토론회에 앞서 학생회장은 어떤 조건을 갖춰야 좋을지 학생들과 이야기를 나눈다. 그때 나온 이야기들을 토론회 때 질문거리에 포함시킨다.

임원 토론회가 제대로 빛깔을 내면서 잘 꾸려지려면, 사전에 투표 절차를 학생들에게 알려 주는 과정이 있어야 한다. 또 학급에서 후보자 공약을 글로 써 보는 시간을 가지면서, 조금 더 치열하고 알찬 토론이 될 수 있도록 교사가 도와줄 필요가 있다.

공약 글쓰기

학급 임원 토론회 전에 공약 글쓰기 시간을 갖는다. 후보로 나올 학생만 쓰는 게 아니라 반 모두가 쓴다. 이렇게 학생 모두가 공약을 쓰면 학급을 위해 할 수 있는 일, 학급 임원이 해야 할 일을 함께 생각하게 된다. 공약 글쓰기를 한 뒤에 후보 신청을 받으면 망설이던 학생이 신청하기도 한다. 무엇보다 토론회에서 후보들의 공약 발표 시간이 훨씬 더 알차게 이루어진다. 듣는 학생들도 자기가 쓴 공약과 견줘서 듣는 즐거움이 있다.

4. 문제 해결 틀

우리 반에 어떤 문제가 생겼을 때, 학급 전체 문제로 봐 줄 필요가 있다. 문제 행동을 한 학생만을 탓하면 그 아이는 설 자리가 없어진다. 더구나 그 문제 행동은 겉으로 드러나지 않았을 뿐 다른 학생들도 이미 하고 있는 모습일 때도 있다. 어떤 문제든 학급의 전체 문제로 끌어들여 해결하려는 노력을 해야 한다.

학급회의

학급회의는 문제 해결 과정에서 중요한 몫을 한다. 학급회의를 꾸준하게 하면 우리 반에서 일어난 문제들을 하나하나 풀어낼 수 있는 힘이 쌓인다. 더 큰 문제를 예방하는 방법도 된다.

또래 중재

또래 중재 모둠에서 학생들 사이에 생긴 갈등을 해결한다. 또래 중재함을 만들어서 교실 한곳에 두면 아이들은 반에서 일어나는 크고 작은 문제들을 종이에 써서 넣는다. 또래 중재 모둠은 그 문제를 어떻게 풀지 자기들 힘으로 방법을 찾는다.

또래 중재 모둠을 하면서 학생들 스스로 문제를 풀어내는 힘이 생겼다. 아이들도 선생님에게 꾸중을 듣는 것보다 훨씬 부담이 없어서 좋다. 모둠원도 배움이 생기고 문제를 일으켰던 학생도 스스로를 돌아보는 시간을 가질 수 있는 소중한 과정이다.

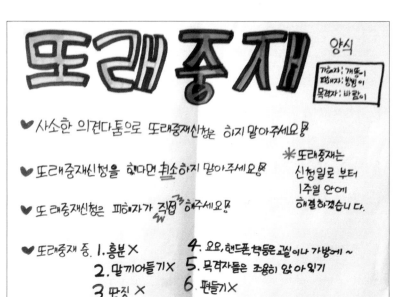

또래 중재 모둠은 학생들 사이에 벌어진 다툼이나 갈등 해결 방법을 스스로 찾는다.

싸운 아이 글쓰기

아이들이 싸웠을 때, 우리 반은 글쓰기로 문제를 해결한다. 두 학생이 싸웠을 경우, 똑같이 종이를 주면서 싸운 이야기를 자세히 쓰도록 한다. 반성문과는 다르다.

글을 다 써 오면 두 아이가 바꿔서 읽게 한다. 자기 생각과 다른 내용이 있으면 그 밑에 글을 덧붙이고, 그 글을 다시 바꿔서 읽는다. 그렇게 서너 번 주고받다 보면 둘 가운데 한 사람이 먼저 사과를 하게 된다. 큰 싸움이 아닐 때는 이런 방법으로 거의 문제가 풀렸다. 싸운 이야기를 글로 쓰면서 마음이 가라앉고, 상대가 쓴 글을 보면서 그 친구의 처지도 이해하게 되기 때문이다.

일기

학생들에게 문제가 생겼을 때 함께 풀 사람이 없다면 어떻게 해야 할까? 이런 상황을 해결할 수 있는 방법으로 알려 주는 것이 일기장이다. 억울하고 속상하고 화나는 일은 일기장에 쓰라고 한다. 문제를 글로 쓰면 마음이 차분해지고 이겨 낼 힘도 생긴다. 또 일기로 쓰면 선생님이 읽고 도움말을 해 주거나 함께 이야기 나누며 마음을 헤아려 줄 수도 있어 좋다.

문제 해결 틀을 잘 만드는 것도 필요하지만 그보다 더 중요한 것은 문제가 생기지 않도록 이끄는 학급 문화다. 즐겁고 웃음이 가득한 학급 분위기를 꾸준하게 만들어 갈 때 문제 행동은 저절로 줄어들 수 있다.

정보 나누기

다수결의 원칙 보완법
의사 결정을 할 때 가장 많이 쓰는 방법이 다수결이다. 우리 반은 다수결로 정할 때 소수 의견을 살리기 위해 다음과 같은 방법을 쓰고 있다. 가장 많은 학생들이 원하는 것으로 정하되 두 번째, 세 번째 의견도 버리지 않고 함께 담아 둔다. 첫 번째 해결 방법으로 해 봤는데 잘 안 되면 다시 토의하지 않고 두 번째, 세 번째로 많은 학생들이 하자고 했던 방법을 차례로 써 본다.

자존감 센 학생
자존감이 센 학생이거나 학급에서 중심인 학생은 다른 학생들 앞에서 잘못을 지적하면 인정하기보다 더 반항하기도 한다. 이런 학생은 일대일로 이야기하는 게 좋다. 가끔 기운이 드센 학생은 일대일로도 힘들 수 있다. 이럴 때는 다른 선생님들 도움을 받는 것이 좋다. 여러 선생님들과 함께 있는 것만으로도 도움이 될 때가 있다.

토론

    토론에 대한 관심이 높다. 우리 교실에서도 교과 수업에 토론을 많이 활용하고 있다. 실제로 토론을 해 보면 그 효과에 놀라곤 한다.

    교실에서 하는 토론은 따뜻하면 좋겠다. 따뜻한 토론이란, 우선 함께 성장하는 토론이다. 지금까지 토론은 보통 대회로 운영되어 왔다. 주로 잘하는 학생들이 대회에 참여하곤 했다. 이런 모습부터 바뀌어야 한다. 모든 학생들이 토론하며 함께 성장할 수 있어야 한다.

    또한 토론은 즐거워야 한다. 해마다 토론을 처음 해 보는 학생들이 보이는 반응은 비슷하다. "와, 재밌다. 선생님, 또 언제 해요?" 하며 좋아한다. 처음이라 토론이 익숙하지 않은데도 거의가 그렇다. 적절한 긴장감 속에 친구와 이야기 나누는 즐거움이 크기 때문이다. 그 뒤로 학생들은 토론하는 시간이 기다려진다고 한다. 토론이 즐거우려면 자주 토론을 하고, 학생들을 칭찬과 격려로 북돋아 주어야 한다.

    마지막으로 따뜻한 토론이란, 공감하는 토론이다. 토론 대회에서 학생들 모습을 보면 하나같이 눈빛이 날카롭다. 상대를 꺾고 이겨야겠다는 눈빛이다. 그러니 상대가 아무리 옳은 말을 해도 잘 인정하지 않는다. 상대 주장이 틀렸고, 내 주장이 옳다는 말이 치열하게 오간다. 그러나 따뜻한 교실토론 모습은 다르다. 서로 생각이 다를 수 있으니 다른 사람 생각에 마음을 열고 귀담아듣는 것에서 시작한다. 상대 주장이 옳다면 그것을 인정하며 자기주장도 내세운다.

1. 토론수업

토론의 필요성

토론은 초등학생들에게 꼭 필요하다. 듣기, 말하기, 읽기, 쓰기와 함께 비판적 사고를 키울 수 있는 장이기 때문이다. 학생들은 토론할 때 정말 귀담아듣는다. 상대가 하는 말을 들으면서 어떤 질문을 할지, 어떻게 반박을 할지 생각한다. 또한 토론은 자기주장을 말로 펼치는 경험을 많이 하게 되기 때문에 말하기 능력도 저절로 좋아진다.

토론은 자기주장을 논리 있게 펼쳐야 한다. 그러려면 논제에 대해 많이 알고 있어야 한다. 자기 경험만으로 논제를 다 풀어낼 수 없으니 관련 내용을 찾기 위해 여러 가지 자료를 읽는다. 또 읽은 자료를 분석하고 종합해서 자기 것으로 만들어 낸다.

토론은 말로 펼치는 논리지만, 실제 토론을 해 보면 모두 글이 밑바탕이 된다. 우리 반 학생들도 토론할 때마다 찬성과 반대편 글을 모두 써 온다. 토론 때마다 자기주장을 글로 쓰니 글쓰기도 좋아진다. 아울러 토론을 하면 '정말 그럴까? 왜 그렇지?' 하는 생각들을 계속하게 된다. 이렇게 참과 거짓을 따지며 계속 생각하는 과정이 비판적 사고를 키우는 기회가 된다.

논제

찬성과 반대로 생각이 나뉘는 주제라면 언제든 토론을 할 수 있다. 흔히 논제는 사실 논제, 가치 논제, 정책 논제로 나누는데 학교에서는 이런 구분보다는 논제를 어디서 가져오는 것이 좋을지 생각해 볼 필요가 있다.

논제는 흔히 학생들의 삶과 상식(시사, 일반)에서 가져올 수 있다. 교과서에서 찾는 논제도 이 둘로 나눌 수 있다. 학생들 삶과 이어진 주제로는 스마트폰, 급식, 일기, 학원, 게임 들이 있다. 상식 관련 주제로는 원자력발전소, 남북통일, 독도 같은 것들이 있다. 아직 토론 경험이 적은 학생들은 삶과 상식에 대한 주제 가운데 어느 것이 더 익숙할까? 아마도 삶과 이어진 논제일 것이다. 그래서 우리 교실에서는 주로 학생들 삶과 연관된 논제로 토론하고 있다. 토론에 익숙해지는 2학기에는 상식 쪽으로 논제 범위를 넓혀 가기도 한다.

● **교실토론에서 많이 하는 논제**

1. 급식은 남김없이 먹어야 한다.
2. 초등학생에게 스마트폰은 필요하다.
3. 학습 학원(영어, 수학)에 가지 말아야 한다.
4. 자전거를 타고 학교에 와도 된다.
5. 일기는 날마다 써야 한다.

6. 일기장을 선생님이 봐도 된다.

7. 학교 밖에서 한 잘못도 학급 규칙을 따라야 한다.

8. 친구의 잘못을 선생님에게 말해야 한다.

9. 교실에서 빼빼로 데이를 하지 말아야 한다.

10. 초등학생은 이성 교제를 해도 된다.

토론 준비

논제만 가지고 바로 토론할 수는 없다. 토론에 필요한 요소도 함께 알아야 한다. 초등학교에서 토론은 흔히 주장(입안)과 질문(교차 조사)으로 이루어진다. 먼저 학생들이 자기 주장을 글로 쓸 수 있도록 도와야 한다.

주장하는 글은 논설문으로, 초등학생들이 논설문을 제대로 쓰기가 쉽지 않다. 그래서 '4단 논법'으로 알려 준다. 4단 논법은 '주장-해야 한다' '근거-왜냐하면' '설명 자료-예를 들면' '정리-그래서 ○○해야 한다'이다. 보통 토론 대회에서는 4단 논법을 활용한 주장 시간을 4분 넘게 주지만 교실토론에서 이 정도 시간은 무리가 될 수 있다. 우리 반에서는 주장 시간을 1분으로 한다.

주장은 찬성과 반대쪽 논리를 모두 준비하게 한다. 찬성과 반대 모두를 경험할 때 조금 더 폭넓게 생각할 수 있고 자기 것만 옳다는 아집에서도 벗어날 수 있기 때문이다. 학생들은 찬성과 반대쪽 주장을 함께 준비하면서 자기 생각이 바뀌는 경험을 하기도 한다.

● **한 학생이 쓴 찬성과 반대 주장**

논제 : 초등학생에게 스마트폰은 필요하다.

[찬성] 써야 한다.

저는 초등학생이 스마트폰을 쓰는 것은 바람직하다고 생각합니다.

첫째, 스마트폰은 편리한 기능들을 많이 가지고 있습니다. 저 같은 경우 수업 시간에 잘 이해가 가지 않았던 부분을 스마트폰으로 강의를 들어 모르는 내용을 자세하게 알 수 있었습니다. 중국어 등 혼자 책으로만 독학하기 힘든 것을 스마트폰으로 공부할 수 있습니다.

둘째, 스마트폰은 즐거운 여가 시간을 제공해 줍니다. 스마트폰은 바쁜 학원 스케줄이나 다른 문제 등으로 쌓인 스트레스를 해소시켜 주기도 합니다. 또한 짧은 이동 시간 동안에는 친구를 불러 놀기 어정쩡하니 스마트폰으로 문자를 하거나 게임을 하며 간편하게 즐거움을 느낄 수 있습니다.

그러므로 저는 초등학생이 스마트폰을 쓰는 것은 바람직하다고 생각합니다.

[반대] 쓰지 말아야 한다.

저는 초등학생이 스마트폰을 쓰는 것은 바람직하지 않다고 생각합니다.

첫째, 초등학생이 스마트폰을 쓰게 되면 시력 저하의 문제가 생깁니다. 화면의 불빛 때문에 눈이 몹시 피로해지며 전자파로 인해서 시력에 영향을 받을 수 있습니다. 그렇게 되면 건강에 피해가 갑니다.

둘째, 스마트폰 중독에 걸릴 수 있습니다. 휴대폰 중독에 걸리면 하루 종일 휴대폰 생각만 나서 수업 시간에 집중도 못하고, 친구나 가족과의 대화도 줄어들어 사회성도 떨어질 수 있습니다. 이와 같은 인성에 문제를 가져오는 스마트폰을 자기 판단을 제대로 하지 못하는 초등학생이 사용하면 안 된다고 생각합니다.

짝토론을 하는 모습. 찬성과 반대쪽 각각 1분 안에 자기주장을 펼쳐야 한다.

그러므로 저는 초등학생이 스마트폰을 쓰는 것은 바람직하지 않다고 생각합니다.

군포양정초등학교 5학년 3반 김민.

교실토론의 방법

교실토론으로 짝토론과 학급전체토론을 많이 한다. 하나의 논제로 토론을 여러 번 하기 때문에 짝토론을 하고서 그 논제를 그대로 학급 전체토론으로 이어 간다.

짝토론은 짝과 함께 마주 보고 한 명이 찬성, 다른 한 명이 반대를 맡는다. 그 역할은 가위바위보로 정할 수도 있다. 학생마다 찬성과 반대쪽 생각을 다 준비해 오기 때문에 어느 쪽 주장이든 다 펼칠 수 있다.

토론에서는 찬성 쪽이 먼저 1분 동안 주장을 편다. 1분 뒤에 반대편 친구가 이 주장에 질문을 하는데 2분 정도 시간을 준다. 질문 시간이지만 학생들은 반박과 재반박을 하기도 한다. 그래서 이 시간에, "질문 또는 반박하세요." 하며 진행을 돕고 있다.

찬성 쪽에 대한 질문 시간을 마치면 반대쪽이 주장을 펼친다. 이어서 반대 주장에 질문하는 시간을 가지면 토론이 끝난다. 이렇게 6분이면 짝토론 한 판이 끝난다. 시간이 얼마 걸리지 않기에 짝을 바꿔 가며 토론을 몇 판 더 하기도 한다.

토론을 이어 갈수록 학생들은 목소리가 커지면서 자신감 있게 토론한다. 짝토론에서는 모든 학생들이 토론에 집중하는 모습을 볼 수 있다. 그 모습을 볼 때마다 놀라곤 한다.

학급전체토론은 반 학생들을 찬성과 반대로 반반씩 나누어 서로 마주 보고 앉게 한다. 먼저 찬성 쪽에서 한 학생이 주장을 펼친다. 이 주장에 대해 반대편에서 누구나 질문할 수 있다. 마찬가지로 질문에 대한 대답도 찬성편에서 아무나 할 수 있다. 이것을 전원교차조사라고 한다. 많은 학생들이 질문과 대답을 하기 위해 손을 든다. 이때 발표자를 정해 줘야 하기에 학급전체토론에서는 사회자가 필요하다. 우리 반에서는 그 몫을 보통 담임이 하고 있다.

모두가 묻고 답하는 전원교차조사를 마치면, 반대쪽에서 주장을 펴고 찬성 쪽이 질문하는 시간을 가진다. 이렇게 토론을 마친 뒤에 더 필요하면 주장하는 학생만 바꿔 가며 두 판, 세 판으로 늘릴 수 있다.

승패

보통 교실토론에서는 판정으로 승패를 따져야 토론 준비를 열심히 하고, 토론에도 열심히 참여한다고 말한다. 그 말이 꼭 틀리지는 않지만 우리 반에서는 승패를 따지는 것에 신중히 하고 있다.

토론을 많이 하면 굳이 승패를 따지지 않아도 토론이 주는 긴장감과 즐거움을 느낀 학생들은 열심히 준비하고 참여한다. 토론을 마치면 승패보다는 상대 토론자가 잘한 것을 칭찬하는 시간을 갖기도 한다. 가끔은 짝토론에서 심판을 세우거나, 학급전체토론에 배심원을 두고서 판정을 해 보게 하기도 한다. 제3자로 토론을 살피는 것도 도움이 되기 때문이다. 이렇게 판정할 때 기준은 '말하기' '태도' '논리'다.

토론과 글쓰기

토론을 마치고 나면 한 줄 쓰기나 토론 공책에 글 쓰는 시간을 갖는다. 토론을 마칠 때마다 드는 생각을 쓴다. 전체 토론을 마치면서는 토론 논제와 관련해 자기 생각을 다시 써 보기도 한다. 토론 전에 찬성과 반대 생각을 모두 준비했는데 토론을 마친 뒤 자기 생각은 어떻게 바뀌었는지 정리하는 시간이기도 한다.

2. 토론교육

토론교육이란?

토론교육은 토론수업에서 한 걸음 더 내딛는다. 토론수업은 논제를 깊이 살피면서 논리를 쌓고 비판적 사고도 기를 수 있다. 이것만으로도 좋지만, 토론교육은 여기서 조금 더 나아간다. 논제를 학생들 삶에서 가져왔기에 토론 결과를 학생들 삶으로 다시 연결하기 위함이다. 토론교육이라고 시간이 오래 걸리거나 특별한 형식이 있지는 않다. 토론을 마치면서 드는 생각을 글로 쓰거나, 짧은 시간 이야기 나누는 것으로도 충분하다.

이야기 나누기

토론이 끝나면 원이 되게 자리를 돌려 앉아 이야기를 나눈다. 먼저 담임이, "토론을 마쳤는데, 그럼 여러분은 ○○○을 어떻게 할 것인가요?" 하고 묻는다. 그러면 학생들이 토론 내용을 바탕으로 의견을 정리한다. '빼빼로 데이' 토론을 마치며 우리 반에서는 어떻게 할 것인지 정하기도 하고, '학교 오는 길에 자전거 타기' 토론을 마치면서는 안전하게 자전거 타는 법을 서로 알려 주기도 한다. 또 급식 토론을 마친 뒤에는 우리 반 급식 약속을 만들 수도 있다.

이야기를 나눌 때 학생들이 지켜야 할 규칙도 있다. 먼저 발표 차례를 정해 주지 않고 준비된 학생부터 발표한다. 그리고 모두가 다 발표해야 한다는 점을 강조한다. 시간이 조금 걸리더라도 모두가 발표하는 경험이 필요하기 때문이다. 또한 앞에서 다른 학생이 말한 것과 같은 내용으로 발표해도 괜찮다는 게 우리 반 규칙이다.

스마트폰 잠재우기 운동

'초등학생에게 스마트폰은 필요하다'는 토론을 마치며, '스마트폰을 어떻게 쓰는 것이 좋을까?'를 주제로 학생들과 이야기를 나눴다. 많은 학생들이 '시간을 정해서 쓴다.'는 의견을 냈다. "몇 시에 스마트폰을 끄는 것이 좋을까요?" 하고 물으니 한 학생이, "10시요." 했다. 그러자 옆에 있던 다른 학생이, "에이, 10시에는 자야지." 한다. "그럼 몇 시?" 하고 다시 물으니 9시가 좋겠다는 의견으로 모인다. 아침에 스마트폰 켜는 시간은 8시가 적당하단다. "그럼, 우리 저녁 9시에 끄고 아침 8시에 켜는 것을 해 보면 어때?" 하고 제안했더니 다들 괜찮다고 했다.

바로 다음 날 '스마트폰 잠재우기 운동' 안내장을 내보냈다. 학생들은 안내장을 보고 조금 놀라기도 했다. 안내장까지 나갈 거라고는 생각하지 못한 것이다. 안내장에는 세 가지 약속이 있고, 아래쪽에는 식구 모두가 서명하도록 했다.

● **스마트폰 잠재우기 운동**

저는 아래와 같이 약속하며 스마트폰을 잠재우겠습니다.

1. 밤 9시에 스마트폰을 끄고, 부모님께 드렸다가 아침 8시에 받습니다.

2. 밤 9시 이후에는 스마트폰을 만지지 않습니다.

3. 밥 먹을 때, 책을 볼 때는 스마트폰을 옆에 두지 않습니다.

이 약속을 지키겠습니다.

스마트폰 잠재우기 운동을 하면서 학생들 삶에 변화가 생겼다. 무엇보다 부모님과 다툼이 줄었다고 한다. 물론 이 운동을 가장 좋아한 사람은 부모님들이다.

무엇이든 좋은 습관을 들이려면 꾸준하게 해야 한다. 그러기 위해 우리 반에서는 알림장에 스마트폰 잠재우기 운동 성공 여부를 날마다 표시하도록 했다.

 정보 나누기

참여형 토의·토론 수업

1. 번개 토론: 수업을 하다가 느닷없이 질문을 던진다. 그러면 학생들이 은연중에 가지고 있던 생각들이 튀어나온다. 그러면서 그 생각들을 짝과 이야기 나누거나 전체 발표를 할 수 있다.

2. 회전목마 토론: 책상을 두 개의 원으로 배열하고 안쪽에 앉는 친구들은 바깥쪽을 보고, 바깥쪽에 앉는 친구들은 안쪽을 보게끔 한다. 그다음 마주 앉은 사람과 짝토론을 벌인다. 짝토론이 끝나면 바깥쪽 원에서 옆으로 한 칸씩 옮긴다. 그렇게 계속 새로운 토론자를 만나면서 토론을 한다. 회전목마 토론을 하면 할수록 목소리는 계속 커지고, 질문에도 조금씩 자신감이 생긴다.

3. 댓글의 벽: 학생들은 흰 종이에 고민거리를 써서 벽에 붙인다. 이름은 안 써도 된다. 다른 학생들은 그 종이 밑에다가 도움말을 써서 붙여 준다. 자기 고민에 여러 댓글이 붙어 있는 걸 보면서 도움을 받을 수 있는 활동이다.

4. 모서리 토론: 토론 주제에 맞게 교실 한 공간을 여러 모서리로 나눈다. 예를 들어 주제가 '어느 계절을 좋아하고 그 까닭은 무엇인가?'이면 네 모서리에 봄, 여름, 가을, 겨울이라고 지정해 준다. 그다음 자기가 원하는 모서리로 찾아가서 같은 곳으로 온 친구들과 이야기를 나눈다.

5. 신호등 토론: 찬성과 반대의 중간에 있는 학생들도 자기 생각을 드러낼 수 있는 토론 방법이다. 빨간색 또는 파란색이나 초록색, 노란색 종이를 학생들마다 준비한다. 논제를 던져 주면 학생들은 자기 생각대로 종이를 들어서 보여 준다. 입장을 정하지 못한 학생은 노란색을 든다. 자기 입장을 색깔로 표시하기 때문에 학생들 의견을 한눈에 볼 수 있고, 또 입장을 정하지 못한 학생들이 찬성과 반대쪽으로 얼마나 바뀌었는지도 쉽게 확인할 수 있다.

급식과 바른 먹을거리

1. 급식 지도

급식은 교육 관점으로 바라봐야 한다. 편식이 심한 아이들은 지금이 아니면, 또 우리 반이 아니면, 심지어 교사가 아니면 편식 잡기가 쉽지 않겠다는 생각을 한다. 그렇기 때문에 편식을 조금이라도 고쳐 주기 위해서 아이들이 골고루 먹을 수 있도록 지도하려고 한다.

참고로, 아이들 편식을 잡아 줄 때는 학부모 동의와 협조를 받는 것이 꼭 필요하다. 아무리 좋은 뜻으로 해도 아이가 급식 때문에 학교에 가기 싫고, 밥 먹는 시간이 두렵게 되면 안 되는 일이다. 학부모에게 미리, 학교에서 조금씩 노력을 할 테니 믿고 기다려 달라는 이야기를 하는 게 좋다.

빈 그릇 운동

우리 반은 급식을 할 때 빈 그릇 운동을 한다. 식판에 남는 것이 하나도 없게 먹는 일이다. 학생들과 급식을 두고 이야기를 나누어 보면 먹지 못하는 음식이 있어서 힘들다고 하거나, 마음껏 먹을 수 없어서 힘들어하는 아이도 있다. 양이 모자란 문제는 그나마 쉽게 도울 수 있는데 편식을 해결하기는 쉽지 않다.

급식 빈 그릇 운동은 환경교육을 실천하는 좋은 모습이기도 하다. 식당에 가면 음식물 쓰레기가 넘쳐 난다. 다 먹지 않고 버리는 게 너무 많다. 음식물 쓰레기 덜 만들기가 환경을 지키는 좋은 방법이라는 것을 빈 그릇 운동으로 아이들에게 가르쳐 줄 수 있다.

급식 토론

학기 초에 우리 반은 급식을 주제로 토론을 꼭 한다. '급식을 남김없이 먹어야 한다.'가 쟁점이다. 학생들에게, "급식이라는 게 뭘까?" 하고 물어보면, "교실에서 먹는 밥이요." "함께 먹는 밥이요." 같은 이야기가 나온다. 아이들이 '급식은 교실에서 먹는 밥'이라는 개념을 아는 것이 중요하다.

덧붙여 꼭 이야기하는 것이 급식과 집에서 먹는 밥이 왜 다르고 또 무엇이 다른가이다. 그러면 식구들 입맛에 맞추는 집 밥과는 달리 학교 조리사나 영양사들은 학생들이 공통으로 먹어야 할 것을 기준으로 음식을 만든다는 것을 아이들 스스로 깨닫게 된다.

그런 뒤에 학생들과 두 주 동안 급식 찬반 토론을 한다. 찬성도 해 보고 반대도 해 본다. 토론을 마치고 학생들과 우리 반 급식은 어떻게 하는 게 좋을지 이야기를 나누면 많은 아이들이 남김없이 먹어야 한다고 말한다. 자기가 먹을 수 있는 만큼 먹되 골고루 먹자는 이야기가 저절

학생들은 식판 검사도 놀이처럼 즐긴다. 친구들끼리 돌아가면서 식판을 살피니 음식을 남기는 아이가 거의 없다. 그러면서 빈 그릇 운동을 저절로 실천하게 된다.

로 나온다. 물론 음식 알레르기나 아토피는 예외다.

급식 토론 결과를 학생들 삶과 연결시킬 수 있는 방법도 함께 찾아 본다. '설문 조사를 해서 우리 반 학생들이 원하는 급식 제안서 보내 기' '급식실에서 일하는 분께 고마운 편지 쓰기' '영양사 초청 전문가 수업' 같은 것들이 있다.

우리 반 급식 약속

한번은 한 학생이 급식을 남겨서 몰래 버렸다. 반 학생들 모두가 모 여서 이 문제로 회의를 했다. 해결 방법으로 담임이 식판을 검사하자 는 의견이 나왔다. 여기에 다른 의견까지 더해서 치열한 토의를 거친 끝에, 담임이 식판을 검사하자는 의견과 밥친구가 검사하자는 제안 두 개로 모아졌다. 2차 투표까지 이어진 결과, 한 표 차이로 밥친구가 검사하는 쪽으로 결정했다.

그 뒤로는 밥친구가 날마다 돌아가면서 식판을 검사한다. 밥친구가 식판 검사하는 모습을 보니 놀이처럼 재미있게 하고 있다. 덕분에 급식 빈 그릇 운동이 놀이하듯이 자연스럽게 이루어지고 있다.

한솥 비빔밥

보통 수요일에는 학생들이 좋아하는 카레, 짜장, 돈가스 같은 음식이 많이 나온다. 또 달에 한 번은 비빔밥이 나올 때가 있다. 이때 우리 반에서는 한솥 비빔밥을 만든다. 이름하여, '영근 샘표 비빔밥'이다.

먼저 밥에 나물과 고추장을 넣고서 한꺼번에 비빈다. 고추장은 너무 맵지 않게 넣고, 더 넣을 사람은 따로 받아서 비벼 먹는다. 비빔밥이 나오는 날이면 아이들은 "와!" 하면서 좋아한다. 그 즐거움에 학생들과 한솥 비빕밥을 계속 만들어 먹고 있다.

2. 음식 만들기

학생들은 교실에서 동무들과 어울려 음식 만들어 먹는 것을 좋아한다. 학기 말에 '우리가 여는 하루'라는 행사를 할 때 학생들이 원하는 활동으로 하루 계획을 세우는데, 이때 음식 만들기가 꼭 나올 정도다. 많은 학생들이 좋아하고 기다리는 음식 만들기 시간은 실과 교과와 연계하여

재구성한다.

운영 방법

음식 만들기는 보통 모둠 단위로 한다. 한두 달에 한 번꼴로 오후 시간에 많이 한다. 이때 인스턴트 음식은 준비하지 않는 것이 원칙이다. 되도록이면 학생들이 직접 조리하는 과정을 거치는 음식들을 교실에서 해 먹으려고 한다.

학생들은 먼저 음식 만드는 과정을 표로 만들어 칠판에 기록한다. 모둠에서 무슨 음식을 만들지, 준비물은 갖추어져 있는지, 만드는 내용부터 재료 준비 사항까지 칠판에 동그라미로 표시하게끔 한다.

학교마다 음식을 해 먹을 수 있는 조리실이 있으면 좋다. 조리실은 물도 바로 나오고, 무엇보다 화재 위험이 덜한 책상과 바닥이 있어서 좋다. 그런데 조리실을 갖추고 있는 학교가 드물다.

조리실이 아닌 곳에서 음식 만들기를 할 때는 안전이 무엇보다 중요하다. 실내에서는 되도록이면 불을 쓰지 말고, 꼭 써야 한다면 과학실에서 하는 게 좋다. 불을 쓸 때는 불이 붙을 수 있는 것들을 치운 다음 의자도 밀어 넣고 모두 일어나서 한다. 준비물로 가져온 비닐봉지도 다 치운다. 불을 켜고 끄는 일은 선생님이 해 주는 것이 좋다. 안전과 함께 뒷정리도 중요하다. 남은 음식을 화장실에 버리지 않도록 하며, 분리수거도 철저하게 해야 한다.

음식 경연 대회

한 학기에 한 번 정도는 모둠 대항으로 음식 경연 대회를 연다. 따로 상을 주지 않는, 이름만 경연 대회다.

재료비로 각 모둠에 5,000원 가량을 주는데 학생들은 이 돈으로 무엇을 만들지 계획을 세운다. 이때 대형 할인 마트보다는 우리 마을에 있는 작은 가게에서 장을 보면 좋겠다고 미리 조언을 해 준다. 학생들은 대체로 이 말을 잘 따른다.

심사 위원으로 보통 전담 선생님들을 모신다. 결과를 발표하기 전에 심사하는 선생님들께 모두가 다 1등이 되게끔 해 달라고 미리 부탁을 드린다.

특별 음식 만들기

가끔 특별한 음식도 만들어 먹는다. 여름에는 빙수를 만든다. 학생들이 우유를 하나씩 얼려서 가지고 오면 1교시나 2교시 때쯤 빙수용 팥과 아이들이 준비한 다른 재료들을 넣어서 맛있게 먹는다.

겨울에는 군만두를 굽기도 한다. 군만두 먹는 날은 먼저 바깥에 나가서 놀이를 한다. 공을 차거나 연날리기, 제기차기를 신나게 하고 나서 몸이 추워질 때쯤 만두를 구워서 들고 나간다. 그러면 훨씬 맛있게 먹을 수 있다.

6학년 아이들과 텃밭에서 상추를 키웠을 때, 운동장 한쪽 구석에서 삼겹살을 구워 먹기도 했다. 지금도 그때 제자들을 만나면 바깥에서 직접 기른 상추에 삼겹살을 싸 먹던 이야기를 하곤 한다. 교실 바깥에만 나가도 좋아하는 아이들인데, 밖에서 음식을 해 먹으니 훨씬 더 신이 났던 모양이다. 꼭 고기가 아니더라도 집에서 싸 온 음식으로 하루쯤 바깥에 나가서 먹는 것도 아이들에게는 즐거운 경험이 된다.

음식 나눠 먹기

학생들에게 모둠원 네다섯 명이 나눠 먹을 수 있는 양만큼 집에서 음식을 준비해 오라고 한다. 학부모에게 문자나 편지로 미리 알리면 더 좋다. 음식과 함께 개인 접시랑 수저도 같이 준비한다.

책상 위에 가져온 음식을 차려 놓고, 개인 뽑기를 한다. 한 명 한 명 뽑히면 나가서 음식을 가지고 온다. 종류별로 하나씩만 집을 수 있게 하는데 아이들이 정말 정성껏 고른다. 이렇게 한 번씩 모두가 다 먹은 뒤에 다시 뽑기를 해서 두세 번 더 먹는다. 음식을 다 먹으면 함께 자리를 정리한다.

3. 바른 먹을거리

갈수록 아이들 입맛은 건강하고 바른 먹을거리에서 멀어지고 있다. 입에 달고 보기에 화려한 음식만 자꾸 좇는다. 이런 아이들에게 교실에서라도 바른 먹을거리를 주려고 노력하고 있다.

사탕 대신 멸치

우리 반은 칭찬에 대한 보상으로 사탕이나 초콜릿 같은 먹을거리를 주지 않는다. 보통은 사랑 가득 담은 말로 칭찬만 해 주는데, 가끔은 몸에 좋은 먹을거리를 선물로 줄 때도 있다. 멸치나 쌀 튀긴 것을 나눠 먹기도 하고 콩을 볶아서 먹을 때도 있다.

학생들에게 줬던 특별한 먹을거리 선물로 상추가 기억에 남는다. 아침 일찍 일어나 텃밭에서 기른 상추를 뜯고, 씻고, 적절한 양으로 싸서 하루에 서너 명씩 연이어 준 적이 있다. 밥친구와 함께 점심을 먹을 때 된장을 준비해서 같이 싸 먹기도 했다.

추석 음식 나눠 먹기

학생들에게 추석이 지나고 학교에 올 때 먹을거리를 준비해 오면 좋겠다고 미리 말한다. 선생님부터 먼저 챙겨 가면 좋다. 한번은 배를 가져간 적이 있는데 배 하나로 30조각을 내서 학생들에게 나누어 줬다. 그 작은 조각을 들고 아이들이 어떻게 했을까? 한입에 다 먹는 아이들이 드물었다. 그만큼 아까운 거다.

학생들도 먹을 것을 가지고 온다. 감, 사과, 귤 같은 과일이 많다. 아이들이 가져온 과일이 많을 때는 실과 시간과 연계한 과일 깎기 수업을 두 주 동안 이어서 한다.

첫 시간은 개인 깎기, 그다음 주에는 모둠끼리 과일을 깎아 접시에 예쁘게 상차림을 한다. 칼을 다루기 때문에 위험할 수도 있어서 안전에 특별히 신경 쓰면서 수업한다.

어느 때는 삶은 땅콩을 들고온 아이가 있었다. 삶은 땅콩을 먹어 본 학생들이 거의 없어서 색다른 맛이라고 좋아했다. 오징어를 가져오면 수업 시간에 오징어를 씹으면서 문제를 풀기도 한다.

아이들은 고구마, 감자, 밤도 많이 가지고 온다. 학생들이 전담 수업을 하러 간 사이, 우리 반에 있는 작은 냄비에 삶았다가 수업 마치고 돌아오면 한 모둠에 하나씩 나누어 준다. 아이들은 이것도 갈라서 나눠 먹는데 양이 적어서 그런지 대부분 껍질째 먹는다.

가끔 썩은 밤도 있기 마련인데 이 밤도 못 먹는 부분 빼고는 다 먹으려고 애쓴다. 집에서는 아이들이 그렇게 하겠는가? 이것이 바로 교실에서 먹는 맛이다. 정말이지 학교에서 먹는 것은 그게 무엇이든 다 맛있다. "맛있다!"는 아이들 소리가 여기저기서 들린다. 10월, 11월은 학생들이 학급살이에 어느 정도 익숙해졌을 때여서 먹을거리는 새로운 즐거움이자 설렘으로 다가온다.

현장학습과 먹을거리

현장학습 갈 때 버스 안에서는 아무것도 먹지 않게 한다. 과자 부스러기와 음료수를 흘리면 버스 안이 지저분해진다. 또 버스 안에서 먹으면 음식 냄새 때문에 비위가 약한 학생들은 토하기 쉽다.

아울러 현장학습 갈 때 쓰레기봉투를 한두 개 꼭 챙긴다. 점심이나 간식 먹을 때 준비해 간 봉투에 분리수거를 하면 먹은 자리를 깨끗하게 정리할 수 있다.

정보 나누기

과자 성분 알아보기
바른 먹을거리와 이어진 수업 활동으로 보통 때 자주 먹는 과자나 음료수 성분을 살펴보는 시간도 가져 본다. 포장지에 써 있는 각 성분들이 우리 몸에 어떤 영향을 끼치는지 조사해 보는 활동이다.

삶을 가꾸는 글쓰기

3장

글똥누기

1. 글똥누기란?

학생들은 흔히 글 쓰는 것을 싫어한다고 말한다. 그러면서도 하고 싶은 말은 많다. 입으로 한 말을 그대로 글로 옮기라고 하면 곧잘 쓴다. 그래서 시작한 것이 글똥누기다.

글똥누기는 학생들이 학교에서 날마다 쓰는 글을 말한다. 일기가 집에서 하루를 돌아보며 자세하게 쓰는 글이라면, 글똥누기는 학교에서 어느 한순간에 든 생각을 짧게 쏟아 내는 글이다. '한 줄 쓰기'라고도 한다.

똥 누기와 닮은 글쓰기

예전에 '글쓰기는 똥 누기와 같다.'고 쓴 글을 보았는데 이 내용이 굉장히 마음에 와 닿았다. 부산글쓰기교육연구회에서 활동하는 이상석 선생님이 중학생들이 쓴 시 모음《있는 그대로가 좋아》(이상석 엮음,

보리)에 남긴 말이었다. 이 글을 보고 나서 '글똥누기'라는 이름을 생각해 낼 수 있었다.

글이 어떻게 똥 누기와 같을 수 있을까? 먼저 우리가 똥을 잘 누려면 잘 먹어야 한다. 마찬가지로 잘 살아야 글도 잘 쓸 수 있다. 그리고 똥은 누고 싶을 때 눠야지 아무 때나 억지로 눌 수는 없다. 글쓰기도 그렇다. 쓰고 싶을 때 써야 한다. 마지막으로 똥을 다 누고 나면 시원하듯이 글쓰기도 다 쓴 뒤에 오는 즐거움이 있다. 그래서 글쓰기는 똥 누기와 닮았다고 말할 수 있다.

글똥누기의 기본은 말하기다. 특히 저학년 아이들이, "선생님, 있잖아요." 하면서 이야기를 많이 하는데, 그걸 제대로 들어주지 않으면 학생들은 말을 잘 하지 않게 된다. 글똥누기는 아이들의 말하기를 살리고, 말한 내용이 그대로 글이 될 수 있도록 이끄는 교육이다.

처음 글똥누기를 쓸 땐 아이들도, "뭘 써야 해요? 쓸 게 없어요." 하는 말을 많이 한다. 그럴 땐 지금 한 말을 그대로 쓰면 된다고 말해 준다. "동생이 옷에 오줌 쌌대요." 또 다른 아이가 와서 말하면, "그거 글로 쓰면 정말 좋겠네." 하면서 힘을 실어 준다. 글똥누기는 아이들이 마음껏 말할 수 있는 분위기, 그리고 그 말을 소중히 들어주는 학급 문화가 바탕이 돼야 잘 이루어질 수 있다.

방법

글똥누기를 할 때 학생들에게 손바닥보다 조금 큰 수첩을 준다. 아이들은 글똥누기 수첩에 한 줄만 쓰기도 하고, 두세 줄 넘게 쓰기도 한다. 특히 1학년 아이들이 길게 쓴다. 1학년과 글똥누기를 할 때, 글자

새 학기를 시작하면 학생들에게 손바닥보다 조금 큰 글똥누기 수첩을 준다. 학생들은 학교에 오면 아침마다 든 생각을 이 수첩에 써서 선생님에게 보여 준다.

를 모르는 학생이 있으면 그 아이가 한 말을 담임이 대신 글로 써 주었다. 옆 짝이 도와주기도 했다. 그런 다음 말을 한 아이에게 그 글자를 그대로 따라 쓰도록 했다. 그러면서 글자를 조금씩 익힐 수 있도록 도왔다.

글똥누기는 글이 짧아 부담이 적다. 가끔은 '생각 안 남.' 이렇게 써서 가져오는 학생도 있다. 비가 많이 내린 날은 '빗소리가 아름답다.'는 여덟 글자만 써도 좋다. 글똥누기를 하면 둘레를 살피는 힘이 생긴다. 아침에 학교 오는 길에 본 것을 글똥누기로 써야겠다고 마음먹으면 조금 더 유심히 살피게 된다. 그러다 보니 저절로 둘레의 변화에 관심이 많아진다.

수첩에 글똥누기를 쓸 때는 계속 이어서 쓴다. 오늘 쓴 글이 한 쪽을 넘지 않았다면 다음 날에는 한 줄 띄우고 그 밑에 바로 쓴다. 한 쪽에 글 한 편이라는 틀을 깼다.

이렇게 날마다 하다 보니, "자, 글똥누기 써 보세요." 하면 학생들이 어렵지 않게 글을 쓴다. 책이나 영화를 봤을 때, 시험 볼 때도 자기 생각을 자유롭게 쓴다. 우리 반은 노래를 자주 부르는데, 노래 들으면서 들었던 생각을 글똥누기에 쓰기도 한다.

2. 글로 아이들 만나기

아이들은 글똥누기에 무엇을 담아낼까? 그리고 쓴 글을 어떻게 할까? 우리 반 학생들은 글똥누기에 '차가 오늘따라 유난히 빵빵거렸다.'처럼 학교 오는 길에 본 것을 가장 많이 쓴다. 그다음으로 소리에 대한 글을 자주 쓴다. 동물이 내는 소리, 특히 강아지들이 짖는 소리가 글감으로 자주 나온다.

자기 기분 상태나 마음도 많이 담아낸다. 힘들고 아픈 마음을 글로 남기는 것은 그 아이에게 꼭 필요한 과정이다. 아침부터 걱정거리가 있는데, 선생님이나 동무에게 말로 할 수 없는 이야기다. 그래서 마음이 가라앉지 않고 답답할 때 글똥누기가 친구가 되어 준다. 짧게라도 자기 기분을 글로 쓰면서 마음을 풀 수 있다.

한 해 동안 계속 아침마다 글을 쓰니까 자연의 변화도 자주 남기게 된다. 꽃이 피었다가 지는 모습, 구름이 흘러가는 모습, 바람이 불고

비가 내리는 장면들이 모두 다 글감이 된다. 처음에는 자기 중심으로만 글을 쓰다가 시간이 지나면서 조금씩 보는 눈이 넓어진다.

- ● 학생들이 쓴 글똥누기
- 엄마가 아파서 회사에도 못 갔다. 빨리 나았으면 좋겠다. (5월 28일, 수)
- 아침에 보슬보슬한 비가 내렸다. 비가 보슬보슬하게 내리니 빗소리가 '보슬보슬'거리는 듯하다. (9월 29일, 월)

글똥누기와 아침맞이

학생들이 쓴 글똥누기로 아침맞이를 한다. 아침마다 아이들과 글로 인사를 나누는 것이다. 그래서 3월 첫날 학생들에게 글똥누기 수첩을 주면서, "아침에 오면 글똥누기를 쓰고 나에게 보여 주렴." 하고 가장 먼저 이야기한다.

글똥누기는 3월 첫날부터 헤어질 때까지 날마다 본다. "어디 아프니? 더 아프면 말해." "비가 왔구나. 비가 계속 오면 바깥에 빗소리 들으러 가자." 글똥누기를 보면서 아이들한테 맞장구를 친다. 글똥누기를 낸 학생들 이름은 날마다 기록한다. 내지 않은 아이들도 불러서 가져오게 한다. 모든 학생들 것을 다 보면서 '비, 머리 아픔, 걱정 있음'처럼 학생들 이름 옆에다가 글에 담긴 주제를 짧게 써 둔다.

아이들 글을 보면 조금 더 살을 보탰으면 하는 것들이 있다. 그럴 때는, "좀 더 자세하게 써 올래?" 하면서 조금씩 깊이 있는 글쓰기로 이끈다.

3. 글똥누기 활용

글똥누기는 짧은 글쓰기 장이기도 하다. 그래서 글쓰기 교육에 글똥누기를 많이 활용한다. 물론 글똥누기가 글을 잘 쓰려는 목적으로 하는 활동은 아니다. 어디까지나 아침마다 아이들 마음 상태를 잘 헤아려서 학급 생활을 제대로 하는 데 도움을 주기 위해서 쓰게 하는 것이다.

활용

우리 반은 자연체험처럼 몸으로 겪는 수업을 많이 한다. 이런 바깥 활동을 할 때도 그 자리에서 바로 글을 쓴다. 그 순간에 가장 살아 있는 글을 쓸 수 있어서다. 이때는 글똥누기 수첩 대신 따로 준비해 간 이면지에 글을 쓴다. 교실에 버려진 연필을 모아 둔 것도 한 통 가져가서 나눠 준다. 학생들이 밖에서 쓴 글똥누기는 따로 모았다가 문집을 엮을 때 소중한 자료로 쓴다.

책을 읽은 뒤에 하고픈 이야기도 글똥누기로 쓴다. 일주일에 한 권 이상 책을 읽어 줄 때도 학생들은 글똥누기 수첩에 그 책에 대한 이야기를 적는다. 한 주를 마치는 금요일 마지막 수업 때도 글똥누기를 쓴다. 이번 주에 자기가 가장 마음에 담아 둔 이야기를 한 줄 글로 남기는 것이다. 시험 보기 바로 전과 본 뒤에도 글똥누기를 쓴다. 이때도 글똥누기 수첩이 아니라 이면지에 쓰게 하고, 쓴 것들은 따로 모아 둔다. 글똥누기를 자주 하니 아이들이 글 쓰는 데 부담이 없다. 문제가 생겼을 때 해결 방안을 쓰기도 하고, 놀이를 하고 나서도 글을 남긴다. 글똥누기 덕에 글쓰기가 버릇이 된다.

글똥(받아쓰기)

1학년을 가르칠 때 받아쓰기 문제를 글똥누기에서 뽑아내기도 했다. 그 받아쓰기를 '글똥'이라고 불렀다. 아이들은 동무가 쓴 글에서 문제가 나오니 친근해서 좋고, 자기 글이 소개된 아이들도 좋아했다. 글똥누기에서 받아쓰기 문제를 낼 때는 맞고 틀림을 표시하지 않고, 모두가 세 번씩 더 쓰면서 글자를 연습하게 했다.

한 해살이 자기 기록

글똥누기는 첫날 만나면서부터 쓰기 시작해 헤어질 때까지 날마다 쓴다. 교실로 오는 날이면 어떤 날이라도 빼놓지 않고 쓴다. 겨울방학이나 종업식을 하는 날에도 글똥누기를 쓴다. 이런 날에는 늘 하듯이 아침에 글똥누기를 쓰고, 헤어질 때도 지금 이 순간에 하고픈 말을 글로 남긴다. 짧은 글을 담은 작은 수첩이지만 학생들에게는 한 해 동안 살아온 자기의 기록이 된다.

 정보 나누기

이면지와 버려진 연필

이면지는 쓸모가 참 많다. 밖에서 활동하고 글똥누기를 쓸 때 이면지를 잘라서 쓴다. 갑자기 비밀 설문할 때 나누어 주기도 하고, 마니또 상대를 뽑을 때도 활용한다. 교실에는 버려진 연필들도 많다. 이 연필을 잘 깎아 두었다가 밖에 나가서 글 쓸 때 학생들에게 준다. 가끔은 이렇게 모아 둔 연필을 아이들에게 한 자루씩 선물하기도 한다.

일기 쓰기

1. 삶을 가꾸는 일기

2005년 3월, 국가인권위원회에서는 '초등학교에서 일기를 강제로 쓰게 하는 것은 아이들의 사생활, 양심의 자유, 기본권을 침해할 수 있으니 아동 인권에 부합하는 방식으로 개선할 필요가 있다.'고 권고했다.

초등학생들의 인권을 짚어 준 내용이라서 가치 있는 권고라고 보았다. 또 아이들 인권을 헤아리면서 일기 쓰기를 제대로 지도해야겠다는 생각도 갖게 되었다.

믿음 쌓기

일기 쓰기 지도는 교사와 학생 사이에 믿음이 바탕이 되어야 한다. 그래서 아이들과 약속했다.

"날마다 일기를 쓰자. 일기 내용은 함부로 말하지 않겠다. 하나 더, 선생님도 같이 쓰겠다."

그 뒤로는 학생들이 쓴 일기를 다른 아이들에게 들려줄 때, "네가 쓴 일기가 참 좋은데 친구들에게 소개해도 될까?" 하고 먼저 물어본다. 그 아이의 삶이 담긴 글이니까 선생님 마음대로 할 수 없는 게 당연하다.

왜 글을 써야 할까?

일기를 왜 쓸까? 글을 쓰는 것은 삶을 가꾸는 길이다. '삶을 가꾸는 것'이 글쓰기의 목적이다. 글을 쓰면서 삶을 가꾸고, 그 속에서 제대로 된 글도 나오는 법이다. 일기 쓰기도 마찬가지다.

날마다 일기를 쓰다 보면 둘레를 살피는 힘이 생긴다. 나들이를 나가서 산수유를 보았을 때 일기로 써야겠다는 생각이 드는 순간, 그 빛깔이며 모양을 더 살피게 된다. 보고 들은 것도 잊지 않고 기억하려고 그 자리에서 메모를 하거나 일기를 쓰기도 한다. 하루에도 몇 번이나 이런 경험을 한다.

학생들은 날마다 일기를 교탁 위에 올려 둔다. 일기에는 그 학생에 대해 생각하지 못했거나 잘 몰랐던 이야기들이 많이 담겨 있다. 보고 나면 밑에 느낌을 쓴다. 아이들이 영향을 받지 않도록 '나도 좋아.' '좋겠네.' 같이 맞장구치는 정도로 짧게 써 준다. 일기를 쓴 아이들은 한 명 한 명 기록을 남긴다. 그래야 일기를 잘 쓰지 않는 아이들도 챙길 수 있다.

학생들이 쓴 글에는 집에서 사는 모습이 잘 드러난다. 부모님, 친구, 형제와 어떤 관계인지도 알 수 있다. 학교나 학원에서 생긴 고민도 일기에 다 드러난다. 학생들 모습을 일기에서 낱낱이 엿볼 수 있기에 날마다 쓰게 하고, 날마다 살펴봐야 한다. 아무리 바빠도 학생들 일기를 빼놓지 않고 보려고 하는 까닭이다.

2. 지도 방법

날씨 쓰기

날씨는 문장으로 쓴다. 하루에 날씨가 여러 번 바뀌기도 하고, 그때마다 아이들 느낌도 저마다 다르기 때문이다. 아침부터 일기 쓰기 전까지 하루의 날씨(기온, 구름, 바람, 비, 눈 따위)를 자세히 쓰도록 한다.《일기 쓰기 어떻게 시작할까》(윤태규, 보리)를 참고하면 더 좋다.

● 날씨 쓰기 예시

학교 교실에서 환기시키려고 문을 열어 놨을 땐 따뜻했다. 저녁에 다혜네 집을 갈 땐 아빠 차 안인데도 바람이 시원하게 불었다. 조금 전 다혜네 집에서 돌아올 땐 솜 잠바를 입었는데, 바람이 아주 세차게 불고, 등에 땀이 있는데 땀이 다 마를 정도로 추웠다.(12월 26일)

의왕초등학교 1학년 8반 이유진.

글감

아이들은 일기 글감 고르는 것을 힘들어한다. 특별한 일을 써야 한다고 생각하기 때문이다. 특별한 일이 늘 있을 수는 없다. 하루를 지내면서 마음에 가장 와 닿았던 순간을 잡아서 일기로 써야 한다.

일기 글감 고르는 방법으로 다음 세 가지를 들 수 있다.

첫째, 누구에게 꼭 말해 주고 싶은 것.

둘째, 누구에게도 말하고 싶지 않고 꼭꼭 숨기고 싶은 말.

셋째, 억울하고, 답답하고, 괴롭고, 속상하고, 슬프고, 따지고 싶은 일.

이런 글감들을 찾아서 일기를 자주 쓰다 보면 글 쓰는 힘이 저절로 생긴다.

일기 쓰기

일기는 자세하게 쓰도록 도와줘야 한다. 학생들은 일기를 쓸 때 다른 사람이 자기 일기를 보고 그때 상황을 이해할 수 있을지 잘 생각하지 못한다. '축구를 몇 교시에 누구와 어떻게 했는지' 자기 머릿속에 다 들어 있으니까 '축구를 했다.'는 한 문장으로 끝낸다. 일기는 그 자리에 없던 다른 사람이 봤을 때도 이해할 수 있는 글이어야 한다. 따라서 모습, 표정, 행동, 주고받거나 중얼거린 말, 둘레 분위기, 생각, 느낌 따위를 자세하게 담아야 한다.

일기를 쓰기 전에 먼저 '겪어 보기'를 해 보는 것도 좋은 방법이다. 그때 겪었던 일이나 생각했던 것, 느낌을 생생하게 찾아내는 데 도움이 되는 활동이다. 겪어 보기를 할 때는 입으로 말을 하거나 몸을 움직이면 더 잘 된다.

주고받은 말을 살리면 글이 훨씬 더 살아난다. '엄마에게 혼났다.'보다는 엄마가 혼내면서 한 말을 그대로 옮겨 쓰도록 하는 거다. 가끔 그림 그리듯이 글쓰기도 연습해 보면 좋다. '꽃이 참 예쁘게 피었다.'에서 끝내지 말고 꽃이 어떻게 피었는지 색깔, 모양, 위치들을 그림 그릴 때처럼 그대로 써 보는 것이다. 이런 것들도 자세한 글쓰기에 도움이 되는 방법이다.

아이들 일기에 자주 나오는 고정된 틀도 걷어 낼 필요가 있다. '나는 학원에 갔다.' '미술 학원에 가서 그림을 그렸다.'는 것처럼 어디에 가서 무엇을 했는지 반드시 써야 한다고 생각하는 것이 다 틀에 갇힌 모습이다. 어떤 일을 두고 한 장면만을 뽑아서 자세하게 쓸 수 있도록 이끌어 주어야 한다.

일기 끝에는 어디서 몇 시에 썼는지를 적는다. 글을 쓸 때 누가 언제 어디서 썼는지 밝혀 주는 연습이 어릴 때부터 필요하다고 생각한다. 일기를 다 쓴 뒤에는 다시 읽어 보면서 보태거나 다듬어서 모자라는 곳이 없도록 한다.

또래 일기 읽어 보기

일기 지도에서 좋은 방법은 또래 동무들이 쓴 글을 함께 읽어 보는 것이다. 특히 똑같은 활동을 두고 쓴 친구의 일기가 훨씬 더 맛깔스럽고, 깊은 생각을 하고 있다면 바로 자기 글을 돌아보는 글쓰기 공부 기회가 된다. 무엇보다 또래가 쓴 일기는 같이 지내는 친구가, 자기도 아는 이야기를 쓴 글이어서 재미가 있다.

일기를 쓰기 싫어하는 학생들은 쓰고 싶은 마음이 들도록 자꾸 부추기는 수밖에 없다. 그래서 학생들에게 한 해 동안 꾸준히 이야기한다.

"일기 쓰면 정말 좋다, 한번 써 보렴."

문집을 자주 내면 좋은 설득거리가 되기도 한다. 문집에는 일기를 꼭 담기 때문이다.

3. 할 것, 하지 말아야 것

할 것

일기는 함께 쓰는 것이 좋다. 학부모, 교사도 일기를 쓰면서 학생들에게 같이 해 보자고 할 때 설득하는 힘이 있다.

요즘 학생들은 학교, 학원, 집을 쳇바퀴처럼 돌다 보니까 일기에 담을 글감이 별로 없다. 집이나 학교에서 아이들이 몸으로 겪는 여러 활동들을 하도록 만들어 주어야 한다. 새로운 경험을 많이 하다 보면 좋은 글감은 저절로 우러날 수 있다.

무엇보다 학생들이 일기에 하고픈 말을 마음껏 할 수 있도록 해 줘야 한다. 일기에는 학생들 삶이 고스란히 담긴다. 잘못한 이야기도 많이 나올 수 있는데 그 내용으로 학생들을 꾸짖거나 나무라지 말아야 한다. 일기 내용이 정말 문제가 된다면, 그 학생을 따로 불러서 이야기 나누는 게 좋다.

가끔 선생님에 대한 불만을 일기에 쓸 때도 있다. 그러면 일기 밑에 미처 헤아리지 못해서 미안하다는 말을 써 준다. 아이가 선생님이나 부모님에 대한 불만을 글로 쓰지 않았다고 해서 그 마음이 사라진 것은 아니다. 글을 쓰면서 그 불만과 마음의 응어리를 풀어내야 한다. 그래야 곪지 않는다. 아이들이 마음속에 담아 둔 힘들고 억울한 이야기들을 마음껏 일기에 펼칠 수 있도록 학부모나 선생님이 잘 도와줘야 한다.

일기는 하고 싶은 말을 솔직하게 써야 한다. 하지만 솔직하게 썼다고 해서 작은 곤충을 죽였다거나 열심히 일하는 노동자를 업신여기는 글을 쓴 학생을 칭찬할 수는 없다. 이런 학생은 삶에서 참, 사랑, 땀의 가치를 더 느낄 수 있도록 이끌어 주어야 한다.

하지 말아야 할 것

일기 쓰기에 걸림돌이 되는 것들 가운데 첫 번째는 틀린 글자다. 특히 저학년들이 글자를 틀리게 쓰면 선생님도 학부모도 바로 고쳐 주려고 한다.

일기장은 글자보다는 글 속에 담긴 아이들의 삶을 잘 들여다보아야 한다. 누군가 틀린 글자를 자꾸 짚어 주면 글쓰기에 거부감이 생겨서 자기가 하고픈 이야기를 닫아 버릴 때가 있다. 일기장만은 틀린 글자가 보이더라도 눈감아 줬으면 하는 까닭이다. 다만 어떤 아이가 일기장에서 똑같은 글자를 계속 틀린다면, "오늘 받아쓰기 한두 개만 해 보자. 너희들이 틀리는 글자가 있는 것 같아." 하면서 따로 도와주면 좋겠다.

일기는 잘하고 못하고를 따지는 검사 대상이 될 수 없다. 아이가 자기 삶을 솔직하게 드러내면 어른들은 고마운 마음으로 정성껏 살펴보는 것뿐이다.

일기 글감을 정해 주는 것도 피해야 한다. 물론 학생들이 글감 잡기를 힘들어할 때 도움을 줄 수는 있다. 학기 초에 학생들 생활에서 나올 수 있는 다양한 글감표를 주어서 글감이 떠오르지 않을 때 참고할 수 있도록 하는 것도 한 방법이다.

마지막으로 네모 칸으로 된 일기장은 쓰지 않았으면 한다. 이 일기장은 아래쪽에 '오늘의 착한 일, 오늘의 반성할 것'을 쓰는 칸이 있다. 일기에 꼭 필요한 내용이라고 보기 어렵다. 오히려 착한 일이나 반성할 내용을 억지로 지어내게 만들 수도 있다.

무엇보다 중요한 문제는 한 쪽에 하루치 일기만 쓰도록 네모난 칸이 일정하게 정해져 있다는 점이다. 그렇다 보니 여기에 한두 줄만 쓰고 말면 불성실한 아이처럼 스스로 느끼게 만든다. 또 어떤 날은 많이 쓰고 싶은데도 쓸 칸이 없어서 '오늘 참 행복한 하루였다.'고 급하게 마치기도 한다.

이처럼 네모 칸 일기장은 고쳐야 할 점들이 많이 보인다. 그렇기에 되도록이면 줄 공책을 일기장으로 쓰기를 권한다.

정보 나누기

모둠 일기와 학급 일기
교실에서 학생들이 함께 쓰는 일기로 모둠일기와 학급일기가 있다. 학급일기는 한 명씩 돌아가면서 교실에서 지낸 이야기를 담으면 된다. 모둠일기는 모둠원이 돌아가면서 일기를 쓰는데 글 아래에 칸을 만들어 둔다. 그러면 다른 모둠원이 그 일기를 보고 답글을 쓴다. 서로 소통할 수 있는 공간으로 모둠일기를 활용하기도 한다.

일기와 글쓰기 대회
장애, 보건, 안전 같은 주제로 글쓰기 대회를 많이 한다. 이런 대회일수록 글쓰기가 아니라 글짓기(글감에 맞는 글 지어내기)가 되기 쉽다. 이럴 때는 자기가 겪은 일을 바탕으로 쓰게 하는데 일기를 참고하면 좋다. 해당 주제와 관련 있는 일기를 골라서 그 내용을 좀 더 자세하게 쓰면 된다.

학급 문집

1. 학급 문집

학급 문집은 밤에 이뤄진다고 한다. 작품 읽기와 지도, 아이들 삶을 북돋아 주는 일, 고르기와 편집, 제본, 돈 모으기. 이런 일들을 위해서 밤낮으로 몰두할 수 있는 사람만이 문집을 만들 수 있다. 학급 문집이야말로 교사의 피와 땀의 결정이다. 이 피와 땀의 결정을 그 누가 알아줄 것이라 생각해서는 안 된다. 다만 아이들이 알아줄 것이다. 학급 문집은 아이들에게 주기 위해 만드는 것이고, 아이들의 참된 성장만이 고귀한 갚음으로 생각되어야 할 것이다.

《삶을 가꾸는 글쓰기 교육》(이오덕, 보리)에서

아이들이 쓴 글, 찍은 사진, 그린 그림을 한데 모은 것이 학급 문집이다. 첫 문집을 만들어 받아 보던 그때를 잊을 수 없다. 학생들 졸업을 앞두고 기념으로 만든 문집이었다.

수업을 모두 마친 오후 세 시 반이 넘어서 교실로 문집이 도착했다. 문집을 나누어 준 뒤에 한 시간이 지나도록 집에 가려는 학생이 한 명도 없었다. 바로 이것이 문집의 힘임을 가슴 깊이 느낄 수 있었다.

처음 선생을 시작했을 때는 학급 문집을 만들지 않았다. 그 대신 겨울방학에 전자 앨범 형식인 학급 시디(CD)를 만들었다. 거의 일주일을 밤낮없이 작업해야 겨우 만들 수 있을 정도로 힘든 일이었다. 그만큼 보람도 컸다.

그러나 지금 그 시디는 거의가 없어졌다. 잘 챙기지 못한 탓이다. 어쩌면 그 시디를 선물 받은 제자들도 비슷하게 잃어버렸을지도 모른다. 시디는 수명이 정해져 있으니 가지고 있다 해도 오래 지나면 제대로 작동하지 않을 수도 있겠다.

그러다가 2004년부터 한국글쓰기교육연구회에서 공부를 시작했다. 서울 모임에서 활동하던 이주영 선생님께서, "시디 대신 문집을 만들어 보지 그래?" 하며 해 주신 말씀이 계기가 되어 학급 문집을 만들게 되었다.

문집 종류

문집 종류는 시기와 내용으로 나눌 수 있다. 먼저 시기별로 나누면 주간문집, 월간문집, 학기문집, 학년말문집이 있다. 참사랑땀 반 1, 2기 때는 신문을 만들었고 3, 4, 5기에는 앨범 시디로 만들었다. 그 뒤로 6기 때인 2004년에 처음으로 학년말문집을 만들었다. 그다음부터는 1학기, 2학기때 학기문집을 한 권씩 냈다.

1학년을 맡았을 때는 학부모들과 함께 문집 도우미를 꾸려서 1년에

시와 노래를 담은 문집(왼쪽)과 학기말문집(오른쪽). 형식을 따로 정하지 않고 학생들 학년과 여건에 맞게 주간문집, 월간문집, 학기문집, 학년말문집, 시문집, 노래문집 들을 만들고 있다.

여섯 권을 내기도 했다. 1학년을 3년 동안 맡으면서 문집을 모두 열여덟 권을 냈다. 6학년을 가르칠 때는 주간, 월간으로 문집을 만들기도 했다. 형식을 하나로 정해 놓지 않고 학생들 학년과 여건에 맞게 여러 갈래로 만들어 내고 있다.

내용별로는 시문집, 노래문집으로 그 형식이 조금씩 달라질 수 있다. 우리 반에서는 글똥누기만 따로 묶어서 문집을 내기도 했다.

시문집 이야기를 먼저 해 보면, 6학년 학생들과 지낼 때 주마다 시를 한 편씩 썼다. 주말에는 집에서 시를 써 오기도 했다. 처음에는 학생들이 쓴 시와 일기를 복사해서 한 달에 두 번 정도 나누어 줬다. 학생들은 자기가 쓴 일기와 시가 묶여서 나오니 무척 좋아했다.

학생들이 쓴 시가 조금씩 많아지면서 모든 시를 살리고픈 마음에 시만 묶은 시문집을 냈다. 이 문집은 수업 시간에 시를 지도할 때 좋은 참고 자료가 된다.

한 해 동안 우리 반에서 부른 노래만 묶어서 노래문집을 엮기도 했다. 아침마다 함께 부른 노래와 수업 시간에 자주 들려준 노래 악보를 한데 모은 것이다. 주로 학년 말에 만들어서 학생들과 나눠 가진다. 학생들은 집에서도 학교에서 부른 노래가 생각날 때 이 노래집을 보면서 기타도 치고 피아노도 치면서 노래할 수 있다. 기타 동아리에서는 이 노래문집으로 한 곡씩 연습하며 익힌다. 노래문집은 저작권 문제가 있으므로 교육 목적으로만 쓴다.

담는 글

학급 문집에는 수업 지도 내용과 결과물을 함께 담는 경우가 많다. 보통 독후감, 학생들 소개 글, 수업 활동에서 쓴 글, 현장학습이나 수학여행 다녀온 글들이 담겨 있다.

우리 반에서는 좀 더 다양한 내용으로 문집을 엮는다. 가장 많이 싣는 것이 학생들 일기다. 아이들이 한 해 동안 성장한 모습을 차근차근 보여 주는 일기가 문집에서 중심이 된다. 학생들 스스로도 날마다, 주마다, 달마다 자기 생각이 어떻게 바뀌어 왔는지 문집을 보면서 느낄 수 있다. 학생들이 자기 글을 빨리 찾아볼 수 있도록 문집 목차에는 몇 쪽에 누구 일기가 있는지 모두 다 써 준다.

일기와 함께 글똥누기와 학급살이 사진도 담는다. 선생님 글도 싣는다. 선생님 글이 맨 앞에 있는 문집이 많은데 우리 반 문집은 가장 마지막에 실린다. 이에 더해서 참사랑땀 반을 거쳐 간 학생들의 글을 담을 때도 있다.

부모님이 아들딸에게 보내는 편지를 넣기도 한다. 이 경우 손글씨를 그대로 살려 싣는 것이 좋다. 부모님 편지는 아이들이 미리 보지 못하게 해야 문집을 받았을 때 보는 즐거움이 더 크다. 부모님이 쓴 편지 아래에는 학생들이 답글을 쓰도록 하는 것도 좋다.

학급 문집의 힘

첫째, 아이들이 성취감을 느낄 수 있다.

자기가 쓴 일기와 정성껏 그린 그림이 한 권의 책으로 나오는 것은 큰 기쁨이다. 그러니 학급 문집은 누구보다 학생들이 좋아하고 받아 본 순간부터 문집 내용에 푹 빠져든다. 문집을 여러 번 낼수록 좋은 까닭이기도 하다.

둘째, 소중한 공부 자료가 된다.

삶을 가꾸는 글쓰기를 지도할 때 좋은 방법 가운데 하나가 보기 글로 또래 동무가 쓴 글을 보여 주는 것이다. 학급 문집은 가까이 지내는 친구들의 삶을 엿볼 수 있는 생생한 자료다. 학생들은 문집에 담긴 여러 글을 읽으면서 자기 삶을 돌아보게 된다. 스스로 자기 삶을 가꾸며 성장하는 길에 문집이 밑거름이 되어 준다.

더불어 1학년을 가르칠 때는 국어 시간에 문집으로 띄어쓰기와 문장 부호를 공부하기도 했다.

셋째, 아이들 삶을 엿볼 수 있다.

문집에 실린 글에는 아이들의 생각이 고스란히 담겨 있다. 담임 선생님이나 부모님은 보통 때 알지 못했던 학생들의 고민이나 모습을 글로 만날 수 있다. 더불어 아이들을 대하는 어른들의 태도를 돌아보게 하는 기회가 된다.

넷째, 아이들 글을 소중하게 여기게 된다.

문집은 주간문집, 월간문집, 학기문집, 학년말문집과 같이 여러 종류가 있다. 어떤 문집이든 아이들 글과 그림을 미리 준비해야 한다. 아이들 글을 제대로 살피면서 문집에 담을 글을 뽑는 일은 늘 해 둬야 나중에 일에 덜 치일 수 있다. 그런 까닭에 아이들이 쓰는 글을 날마다 더 정성껏 보게 된다.

일기가 개인 기록이라면 문집은 학급의 기록이다. 몇 해가 지나도 그때 그 학급의 이야기가 기록으로 살아 있다는 것이 참 소중하다.

● **문집 편집을 마치고 쓴 글**

문집을 만들며 이번 징검다리 특별호가 가장 나를 힘들게 한다. 겨울방학을 보내고 문집 두 개를 한꺼번에 하려니 힘에 부치는 게 당연하지. 그런데 꼭 그것만은 아니다. '징검다리를 이번에는 어떻게 엮지?' 하는 생각이 만드는 동안 계속 나를 고민하게 했다. (……)

이 문집은 받을 때보다는, 시간이 지나면서 우리 사랑이들이 어른이 되었을 때 가치가 있을 거라 여긴다. 먼 훗날 바래진 흑백사진과 살았던 이야기를 짧게 볼 수 있다는 것이 좋지 않은가.

오늘까지 몇 날을 제대로 잠을 못 잔 것 같다. 다른 일도 있었지만 머릿속이 하얗다. 몇 날은 두세 시간 자면서 만든다. 그래도 속도가 쉬이 나지 않는다. 잠을 자도 푹 자지 못하고. 그러나 어쨌든 엮었다. 그러니 참 좋다.

사진이 많이 실렸는데 실리지 못한 사진이 더러 있다. 그게 사실 아쉽다. 무엇보다 사진을 찍을 때는 몰랐는데 지금 보니 늘 내 앞에서 무엇을 하는 사랑이는 정해진 것 같다. 그래서 사진에도 많이 찍히고. 그걸 신경 쓰면서 골고루 찍으려 하지만 수업을 하면서 짬짬이 찍으니 온 신경을 쏟지 못한 것도 사실이다. 그게 참 미안하다.

어렵게 나온 이 징검다리가 사랑이와 학부모에게 초등학교 1학년 추억을 돌아보는 소중한 보물이 되었으면 좋겠다.

2009년 2월 13일 이영근.

유의점

문집을 만들 때 가장 기본은 모든 학생들 이야기를 싣는 것이다. 문집에 담을 글을 뽑을 때 선생님이 권할 수는 있지만, 최종 판단은 학생 스스로 할 수 있어야 한다. 더불어 문집을 만드는 여러 과정에 아이들도 함께할 수 있도록 조금씩 끌어들이는 것도 필요하다.

처음부터 너무 잘 만들려고 하면 결국 시작도 못하게 된다. 처음에는 쉽게 에이포(A4) 종이에 프린트해서 나눠 주는 것으로 시작하고, 그다음부터 조금씩만 더 신경을 쓰면 된다.

2. 만들기

사전 지도

문집을 만들기 전에는 글쓰기 지도가 가장 중요하다. 글쓰기 지도가 꾸준히 되어야 아이들 삶이 잘 드러난 글이 나올 수 있기 때문이다.

더불어서 아이들의 삶을 잘 가꾸어 줄 수 있는 학급 문화가 밑바탕이 돼야 한다. 아이들이 행복한 학급 문화의 바탕 위에 글쓰기가 꽃필 수 있고, 그 속에서 자연스럽게 피어난 글을 모아 문집으로 엮을 때 제 가치를 찾을 수 있다.

쓰기 지도

아이들 글은 미리 꾸준하게 골라 놓아야 한다. 학년 말, 학기 말에 문집을 엮으려고 보면 너무 빠듯하다. 학급 누리집에 아이들 글 고른 것을 계속 쌓아 두면 나중에 편집할 때 도움이 된다. 이때 아이들이 직접 올리게끔 지도할 수도 있다.

학생들이 손글씨로 쓰거나 그림을 그릴 때는, 빈 종이 가장자리에서 1~2센티미터 안쪽에 테두리를 치고 그 안에 쓰거나 그리게 한다. 연필보다는 볼펜이나 플러스펜을 써야 인쇄했을 때 또렷하게 나올 수 있다. 그림은 스캔을 해서 한글프로그램에 앉히거나 인쇄소에 직접 보내도 관계없다. 사진은 달마다 내용별로 폴더를 만들어서 모아 두면 작업이 편해진다.

손글씨, 컴퓨터글, 그림, 사진을 다 모았으면 한글프로그램에서 편집을 한다. 문집 크기는 에이포 종이보다 조금 작은 비파이브(B5)가 적당하다. 처음부터 편집 용지를 비파이브 크기에 맞춰서 만들 수도 있고, 에이포 종이 크기로 편집한 뒤에 축소해서 인쇄하는 방법도 있다. 축소할 때는 글자 크기가 작아지니까 신경 써야 한다.

아이들이 쓰고 그린 것을 그대로 살려 문집에 담기도 한다. 연필보다는 볼펜이나 플러스펜으로 써야 인쇄가 잘 된다.

책으로 엮은 문집일 때는 '참사랑(땀) 발자취'라는 제목을 쓰고 책보다 얇게 만들 경우 아이들 글에서 제목을 뽑는다.

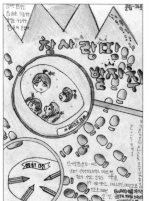

문집의 얼굴인 표지는 학생들이 직접 꾸민다. 원하는 학생이 그려 오면 반 친구들이 가장 많이 고른 한 가지로 정한다.

문집 제목

문집 제목은 우리 반 이름인 '참사랑땀'을 활용한다. 책 두께로 엮은 문집일 때는 '참사랑땀 발자취'라는 제목을 기본으로 쓴다. 첫 문집이 '참사랑반 발자취' 1호였고 그 뒤로 10호, 20호, 30호 넘게 이어지고 있다. 얇게 만든 문집들은 아이들이 쓴 글에서 제목을 뽑는다. 학생들끼리 제목을 고르는데 자기가 쓴 글이 문집 제목으로 정해지면 무척이나 기뻐한다.

표지와 비용

표지는 문집의 얼굴인 만큼 학생들이 직접 꾸미는 게 좋다. 우리 반은 표지를 학생들이 그린다. 원하는 학생들이 그려 오면 그 가운데 하나는 앞표지, 다른 하나는 뒤표지로 쓴다. 뽑히지 않은 그림은 문집 안에 살려 넣는다. 학생들이 그려 온 표지 그림을 볼 때면 그 정성에 놀랄 때가 많다.

이렇게 문집을 책으로 내면 돈은 어떻게 해결하는지 많이들 궁금해한다. 우리 반에서는 250쪽 정도 되는 문집일 때 학생들이 육칠천 원정도 돈을 낸다. 못 내는 학생들은 선생님이 대신 낸다. 요즘 많은 학교에서 문집 제작비에 예산을 편성하기도 한다. 좀 더 많은 학교들이 그렇게 되기를 바란다.

문집 도우미

문집은 교사도 전적으로 매달려야 한다. 학생들에게만 맡길 수가 없다. 특히 학기 말이나 학년 말에 책으로 엮을 때는 혼자 힘으로는 버겁다. 학생들 가운데 문집 도우미를 꾸려서 컴퓨터에 타자 치는 것, 1차

교정하는 것, 사진 편집하는 것을 부탁할 수 있다. 편집을 도와준 학생들 후기도 문집에 빼놓지 않고 담는다.

문집이 나온 뒤에 할 일

소중하게 만든 문집을 집으로 보냈을 때 가끔 학생들이 부모님께 혼나기도 한다. '너는 글씨가 이게 뭐니?' '너는 왜 이렇게 일기가 짧니?' 하는 식으로 문집으로 문제 삼는 부모들이 있다. 그래서 문집을 보내기 전에 꼭 편지를 함께 쓴다. '문집으로 아이들을 혼내지 마세요. 문집에 담긴 아이들 이야기를 그대로 받아 주시고 함께 웃으면서 봐 주세요.' 그래야 문집을 가지고 간 학생도 기분이 좋고, 만드는 선생님도 부담이 없다.

3. 학급 문집 활용

수업 참고 자료

문집을 받은 날 국어 시간이 있으면 문집을 읽는 것으로 수업을 시작한다. 특히 주간문집이나 월간문집이 수업 자료로 좋다. 문집을 읽을 때는 다른 행동을 하는 학생이 거의 없다. 모두가 문집을 보면서 자기 글을 소리 내어 읽는다.

다른 수업에서도 참고 자료가 필요할 때 문집에서 관련 글감들을 가지고 와서 소개하기도 한다. 그러면 아이들이 수업 내용에 훨씬 더 관심을 갖는다.

추억장

지난 참사랑땀 반 학생들이 만든 문집은 추억장 구실을 한다. 몇 년이 지나고 몇십 년이 지나도 서로 만났을 때 같이 읽으면서 그때를 떠올릴 수 있는 소중한 징검다리가 된다.

우리 반 아이들은 학급문고에 있는 지난 학급 문집을 잘 들춰 본다. 문집을 보다가 그때 있었던 일을 묻기도 하고 문집에 드러난 선생님 모습이 사실인지 확인하기도 한다. 몇 년이 지났는데도 지금 우리 반과 같은 활동이 담겨 있는 글을 보면서 신기해하기도 한다.

결혼식 주례와 문집

어떤 선생님 한 분은 제자가 결혼식 축사를 부탁할 때 문집을 가지고 간다고 한다. 주례를 할 때 문집을 열어 그 학생이 쓴 일기를 읽어 주는 것이다. 이때 이런 글을 썼던 어린이가 잘 자라서 고운 신부 또는 듬직한 신랑으로 서 있다면서 축하하는 말을 한다. 참 아름다운 모습이다. 주례로 문집을 챙겨 온 선생님 모습에 결혼하는 제자는 두 배로 행복하지 않을까.

 정보 나누기

잡지 만들기

5학년 학생들과 잡지를 함께 만들었다. 문집을 엮으면서 잡지도 만들었으니 학년 말이 조금 바빴다. 학생들은 잡지 만드는 활동을 무척 즐겼다. 특히 조사하고 그림 그리는 것을 좋아했다. 반 학생들 취미 활동을 조사해서 기사로 쓰고, 즐겁게 놀 수 있는 수수께끼나 미로 찾기도 넣었다. 만화도 많았다. 잡지 만들기는 새로운 이야기를 만들어 낸다는 점에서 있는 글을 엮어 내는 문집과는 다른 재미가 있다.

독서

1. 학급문고

해마다 학부모 총회를 해 보면, 학부모들의 요구 가운데 하나가 아이들이 책을 많이 읽으면 좋겠다는 것이다. 학교에서도 책을 많이 보고, 집에 와서도 책을 펼쳐 볼 수 있도록 지도해 달라고 요구한다. 그런 바람과 기대에 발맞추기가 쉽지는 않다. 하지만 학생들이 책과 가까워지는 것은 교육에서도 중요한 부분이기에 책을 많이 만날 수 있는 환경을 만들고자 애쓰고 있다.

필요성

학급문고가 필요한 까닭은, 아이들 가까이 책이 있어야 하기 때문이다. 요즘은 학교 도서관이 잘 되어 있지만 자주 가기는 쉽지 않다. 학생들이 도서관에 가려면 짧은 쉬는 시간이나 밥 먹고 놀기 바쁜 점심시간, 또는 집에 갈 때뿐이다. 그래서 학생들이 가까이에서 바로 뽑아

볼 수 있는 학급문고가 있어야 한다.

꾸미기

우리 반 학급문고에는 책이 몇백 권이 넘는다. 달마다 새로운 이야기를 만날 수 있는 〈개똥이네 놀이터〉(보리) 같은 잡지나 《박시백의 조선왕조실록》(박시백 지음, 휴머니스트), 《두근두근 탐험대》(김홍모 만화, 보리)처럼 아이들에게 좋은 만화책들도 있다. 《보리 국어사전》(토박이 사전 편찬실, 보리) 같은 사전도 몇 권 챙겨 둔다. 학급문고는 주로 담임이 가져온 것들이 많고, 처음 학급문고를 꾸릴 때 학부모들이 같이 보면 좋겠다 싶은 책들을 보내 주기도 했다.

학급문고 관리는 학생들과 함께한다. 우리 반 책 모둠이 나름으로 기준을 세워 책을 정리한다. 찢어진 것은 테이프로 붙이고, 낙서가 있는 것은 지우면서 꾸준히 책을 손보는 일을 한다.

활용

학급문고는 활용할 곳이 참 많다. 가장 요긴하게 쓰는 것이 아침활동 시간이다. 글똥누기를 쓰고 시간이 조금 남았을 때 학급문고를 많이 본다. 수업을 하다가도 자투리 시간이 생기면, "학급문고에 있는 책 보자." 하는 말을 가장 많이 한다.

수업 시간에도 참고 자료로 쓸 때가 더러 있다. 보통 때도 학급문고에서 책 찾는 모습을 자주 보이려고 한다. 선생님이 학급문고에서 뭔가를 계속 찾고, 그렇게 찾은 책을 읽어 주는 모습은 학생들이 학급문고에 관심을 갖게 하는 좋은 방법이다.

보자기와 소파가 있는 학급문고

3월 초에 학급문고를 보자기 같은 것으로 싸 두고 일주일이나 보름 정도 못 보게 가려 둔다. 학생들이, "선생님, 저 책 언제 봐요?" 하며 조바심을 낼 때, "그럼 우리 이제 같이 보자." 하면서 책 잔치를 연다. 학급문고 여는 날을 잔치 분위기로 만들면 학생들이 학급문고를 더 친근하게 여길 수 있다.

1학년을 가르칠 때 우리 반 학급문고에는 소파가 있었다. 분리수거로 내놓은 소파를 가져온 것이다. 학생들은 소파에 앉거나 누워서 책을 봤다. 학생 수가 많아서 공간 만드는 게 쉽지 않더라도 학급문고 앞에는 책을 볼 수 있는 편한 자리가 있으면 좋다.

2. 책 읽어 주기

요즘 아이들은 책을 참 많이 본다. 반대로 책을 안 보는 아이들도 무척 많다. 책 읽는 것만 해도 학생들 사이에 차이가 크다. 아이들에게 책을 읽어 주는 것으로 그 차이를 조금씩 좁힐 수 있다.

우리 반 칠판 앞에는 늘 책이 두세 권 놓여 있다. 학생들은 책 표지를 보며 수업을 하고, 언제 읽어 줄지 때를 기다린다.

자투리 시간이 생겼을 때, "자, 책 읽어 줄까요?" 하는 말에 어김없이, "네!" 하며 좋아한다. 그러면 세워 둔 책에서 한 권을 펴 든다. 읽어 줄 책을 칠판 앞에 늘 놓아 두는 것도 아이들이 책과 가까워지도록 하는 길이다.

책 고르는 기준

"비가 오네. 비가 올 때는 이 책이 좋지.""6월이니 평화를 다룬 책을 좀 읽어 줘야겠다." 책을 고를 때면 망설임 없이 펴 든다. 상황에 맞게 읽어 줄 책 목록이 머릿속에 있기 때문이다.

이 책 목록은 1학년 담임을 하며 만들었다. 3년 동안 1학년들에게 날마다 읽어 준 책 목록이 그 뒤 어느 학년을 만나도 풀 수 있는 보물 보따리가 되었다.

> 우리가 아이들에게 작품을 보여 줄 때, 일하며 사랑하는 아이들, 불행을 해결하고 들어주겠다는 마음이 담긴 책들, 생명, 평화, 통일, 아이다움이 있는 책, 그리고 재미있게 읽을 수 있고 바른 우리 말을 담은 책들을 골라서 보여 주면 좋다.
>
> 《문학의 길, 교육의 길》(이오덕, 한길사)에서

학생들에게 책을 읽어 줄 때, 윗글에 나오는 기준에 맞추면 좋은 책을 고를 수 있다. 여기에 꼭 덧붙였으면 하는 잣대가 있다. 교사 스스로 감명 깊게 읽은 책이었으면 한다는 것이다. 교사가 감동받은 책을 읽어 줄 때 학생들도 그 감동을 비슷하게 느끼는 것을 많이 보았다. 무엇보다 아이들은 선생님이 읽어 준 책을 다른 어떤 책보다 오래 기억하고 있기도 하다.

글쓰기와 토론

책을 읽어 줄 때면 아이들 마음에 '책 재미있네.' '나도 저 책 한번

볼까?' 하는 작은 흔들림이 있기를 늘 바라게 된다. 그래서 책을 읽어 준 뒤에는 글똥누기에 하고픈 이야기를 간단하게 쓰는 것으로 자기 생각을 다듬는 시간을 갖는다. 글똥누기에 쓴 글은 아이들과 같이 이야기를 나누거나 학급 누리집에 올려서 다른 친구들이 볼 수 있도록 한다. 같은 책을 두고 서로 다른 생각이 나오면, 저절로 독서 토론이 이루어진다.

칭찬 책 선물하기

다 읽어 준 책을 학생들에게 칭찬 선물로 주기도 한다. 책을 받은 아이는 칭찬도 듣고 선물까지 받았으니 신난다. 그래도 받은 책은 읽은 다음 다시 학급문고에 가져다 놓는다. 다른 학생들도 이 책을 보고 싶어 하는 마음을 알기 때문이다.

가끔 학생들에게 특권을 주기도 한다. "칭찬 책 받은 사람은 수업 시간에 이 책을 봐도 된다." 그런데 지금까지 수업 시간에 그 책을 보는 학생은 없었다. 칭찬 받은 것만으로도 충분히 즐거워하는 모습이다. 그래서 책을 잘 보지 않는 아이들에게 책과 가까워지게 하려고 일부러 칭찬 책을 주기도 한다.

많은 학교에서 독서 골든벨이나 독서토론 대회를 한다. 그러나 자칫 하면 학생들이 상을 받기 위해 책을 읽는 것처럼 취지와는 다른 방향으로 흘러갈 수 있다. 이런 행사는 경쟁이 되지 않도록 꼼꼼하게 잘 운영하거나, 되도록 하지 않는 것이 더 좋다고 본다.

3. 책 돌려 읽기

책 돌려 읽기란?

책 돌려 읽기는 반 학생 모두가 책 한 권씩을 준비해서 서로 바꿔 가며 읽는 것이다. 처음에는 자기 책을 읽고, 한 주가 지나면 그 책은 다음 번호에게 넘긴다. 그리고 앞 번호 학생에게 새 책을 받는다. 만일 학생 수가 25명이면 25주 동안 주마다 한 권씩 새로운 책을 볼 수 있다. 책 뒤쪽에는 읽은 느낌을 한 줄로 적는 종이를 붙여 둔다. 책을 다 본 뒤에 다른 친구들이 쓴 감상평을 읽는 재미가 있다.

책 돌려 읽기를 할 때는 학생들이 책을 잃어버리지 않도록 관심을 기울여야 한다. 우리 반은 학급환경 판에 학생들 이름을 붙이고, 자기가 이번 주에 가지고 있는 책들을 이름 밑에 계속 쓰게 했다. 그러면 누가 무슨 책을 가지고 있는지 한눈에 알 수 있다.

또 책을 돌려야 할 때 안 가지고 온 학생이 있으면 알림장에 쓰고, 다음 날 가져왔는지 꼭 확인한다. 신경을 쓰지 않으면 어느 순간 책이 한두 권 없어지게 된다. 그러면 책 돌려 읽기가 흐지부지되거나 선생님에게 꾸지람을 듣는 안 좋은 행사로 기억에 남게 된다.

책 돌려 읽기를 할 때 노래나 판소리 시디가 있는 책을 고르기도 한다. 글자를 읽는 데 어려움이 있는 학생들에게 좋은 방법이다. 가끔 학생들이 보기 쉬운 만화책도 넣어 책 읽는 부담을 줄여 준다.

도서실과 함께하기

학생 모두가 책을 한 권씩 가져오는 것이 어려울 수도 있다. 이럴 때는 학교 도서실을 이용한다. 학생들과 같이 도서실로 가서 책을 한 권씩 고르게 한다. 고른 책은 담임에게 확인 받고 모두 빌려서 교실에서 한 달 정도 돌려 가며 읽는다. 이때는 학급 전체로 하지 않고 모둠 활동으로 한다. 사서 교사에게는 미리 양해를 구해야 한다.

책맞이 잔치

책 돌려 읽기를 시작할 때 책맞이 잔치를 연다. 칠판 앞 책상 위에 학생들이 가져온 책을 모두 쌓아 놓고 그 앞에는 상차림을 한다. 떡, 과일을 차리거나 교실에 있는 우유를 놓고 해도 된다. 그런 뒤에 아이들과 같이 책맞이 고사를 지낸다.

먼저 한 학생이 축문을 읊는다. 다 읊고 나면 함께 책에 절을 한다. 절하는 걸 꺼리는 아이들은 하지 않아도 된다. 그냥 놀이로 편하게 생각하게끔 한다. 절한 뒤에는 함께 노래를 부르고 음식도 나눠 먹는다. 고사를 마치면 쌓여 있는 책에서 자기 것을 가져와 책을 본다. 이 시간을 학생들은 참 좋아한다.

● 책맞이 잔치 축문

유 세 차!

○○○○년 ○월하고도 ○날 천지신명께 아룁니다. 여기 ○○학교 참사랑 땀 반에서 책 돌려 읽기를 시작합니다.

우리 아이들을 지켜 주시는 교육대장군님, 한반도의 평화와 통일을 기원하는 통일대장군님, 맑고 푸른 환경을 지켜 주시는 환경대장군님, 모두 내려오셔서 책과 함께 아무 탈 없이 잘 살게 해 주십시오.

모든 일의 시작은 노는 것이라 했으니 앞으로 책 읽을 때 부지런히 일하고 잘 놀게 해 주시고, 처음 보는 책이라 쑥스럽고 어색해서 책도 못 보게 하는 '책 못 보는 귀신', 다른 사람 다 책 읽었는데 혼자 못 읽었다고 부끄러워하는 '부끄러움 귀신', 책을 소중하게 여기지 않아 찢거나 잃어버리는 '내 책도 아닌데 귀신', 돈을 벌려고 말도 안 되는 책으로 우리 아이들 꼬시는 '책 같지 않은 책 파는 귀신', 모두 들어오지 못하게 막아 주시고 아무쪼록 참사랑땀 반 책 돌려 읽기가 잘되어 우리 아이들 삶을 가꾸는 좋은 시간이 되게 해 주시며 그 흥겨움과 신명으로 집에서도 책을 잘 보게 해 주옵소서.

끝으로 건강이 제일 큰 복이라 했으니 여기 있는 모든 우리 사랑이들 몸 건강하게 하옵소서!

상 향!

정보 나누기

심심 책 읽기

한 학생이 지각을 자주 하고 수업 시간에 집중도 잘 못한다. 알아보니 게임 때문이다. 몇 번 이야기를 해도 바뀌지 않기에 그 학생 동의를 받고 반에서 회의를 했다. 해결 방법을 같이 찾는데 하나같이 심심할 때는 책을 읽으라고 한다. 그 학생 혼자 하는 것보다 모두가 함께하는 것이 좋겠다고 해서 우리 반에 '심심 책 읽기' 활동이 생겼다. '심심 책 읽기'는 집에서 30분 이상 책을 읽는 활동이다. 날마다 알림장에 '심심 책 읽기'를 했는지 안 했는지 쓰고, 읽은 책 제목도 적는다.

교사 성장

1. 기록

우리 반 이야기를 '참사랑땀 삶 기록지(아래부터 삶 기록지)'에 남기고 있다. 학생들이 보여 주는 순간순간 작은 모습까지도 다 기록하려고 한다. 아침에 인사하는 모습, 우유 마시는 모습, 밥 먹는 모습도 글로 남긴다. 학생들이 쓴 일기나 글똥누기 내용도 빼놓지 않고 기록해 놓는다. 왜 이렇게 할까? 단 하나다. 아이들 모습을 제대로 들여다보기 위해서다. 그러자니 챙길 것이 많고 챙기는 것도 쉽지 않지만, 하루하루 기록을 하면서 아이들과 함께 성장하고 있다고 생각한다.

글똥누기 확인

학교에 도착하면 가장 먼저 삶 기록지를 꺼내 학교 일정을 간단하게 적는다. 학생들은 여느 때와 같이 글똥누기를 보여 주려고 가지고 나온다. 글똥누기에 담긴 내용 하나하나를 삶 기록지에 남긴다. 되도록 모든 아이들이 한 이야기를 짧게라도 써 두려고 한다.

마주이야기

삶 기록지에는 '마주이야기' 칸도 있다. 마주이야기는 '대화'를 뜻하는 순우리말로, 아이들 말을 귀담아듣고 있는 그대로 적으면 된다. 마주이야기 칸에는 학생들이 교실에서 사는 모습, 수업 때나 수업 외 시간에 하는 말들을 짧게 글로 담는다.

이렇게 써 둔 글은 그날 교실 일기의 글감이 된다. 가끔은 학생들이 한 말이나 행동을 놓칠 때도 있다. 그 모습을 일기로 담고 싶은데 그만 잊어버리고 만 것이다. 그럴 때면 학생들에게 묻는다. "아까 무슨 말 했니? 좀 전에 어떻게 했어?" 그러면 아이들이 되묻는다. "왜요? 일기 쓰게요?" 아이들도 자기들 모습이 선생님 일기의 글감이 된다는 것을 알고 있다.

상담 기록

학생들과 상담한 내용을 삶 기록지에 남긴다. 아이들 모르게 담아야 하니까 조심스럽다. 해마다 마음이 더 쓰이는 학생들이 있다. 친구 관계가 힘들거나 가정 형편이 어려운 아이, 밥을 잘 못 먹거나 몸이 아픈 아이들은 하루하루 꾸준히 살피고 기록을 남겨야 한다. 조금씩 달라지는 아이들 모습을 삶 기록지에서 엿볼 수 있다.

그 밖에 기록

삶 기록지에는 점심시간과 밥친구 칸도 있다. 점심때 학생들이 무엇

● 참사랑땀 삶 기록지

20( )년 3월 ( )일, ( )요일

아침활동		글똥누기				
			남	글똥누기	여	글똥누기
1교시						
2교시						
3교시						
4교시						
점심시간	밥친구					
5교시						
6교시						
방과후 활동		알림장				

확인		학생 일기
책		

마주이야기(오늘 남길 말말말)

업무(학생자치 활동)	학년	학교
☞상담	☞개인	

'참사랑땀 삶 기록지'에는 학생들의 순간순간 작은 모습까지도 다 담아 두려고 한다.

을 하는지 살펴서 쓴다. 밥친구와 같이 한 일 또는 들은 이야기도 간단하게 써 둔다.

확인 칸에는 수학 익힘책, 사회 노트 정리, 준비물처럼 늘 챙겨야 하는 것들을 적는다. 방과후 활동 칸에는 보통 기타 동아리 활동 내용을 쓴다. 알림장 칸은 알림장에 꼭 써야 하는 말들을 미리 써 둔다.

교과 기록과 학교 업무

수업 준비를 위한 교과 기록도 중요하다. 하루 전에 다음 날 가르칠 내용을 삶 기록지에 한 줄 간단하게 쓴다. 수업 시간에 아이들 반응도 기록한다.

학교 업무를 기록하는 칸도 있다. 개인 업무도 있고, 같은 학년 선생님이나 학교 전체로 함께하는 일들을 기록해서 잊지 않으려고 한다. 이렇게 적어 두어야 학교 업무를 제대로 챙길 수 있다. 개인 일정도 삶 기록지에 쓴다. 공부 모임은 몇 시에 있는지, 누구와 만날 약속이 있으면 그것도 표시한다. 어찌 보면 삶 기록지는 교사의 하루살이가 모두 담겨 있는 공간이기도 하다.

삶 기록지와 학부모 상담

학부모와 상담할 때 우리 반 삶 기록지를 바탕으로 한다. 학생이 쓴 글, 했던 말, 그 밖에 여러 기록을 이야기하면서 상담을 이끈다. 물론 이런 기록이 없어도 학생들에 대한 설명을 할 수 있지만 학부모 처지에서는 근거 자료를 보며 말할 때 더 믿음을 갖게 된다.

2. 교실 일기

교사도 학생들과 함께 일기를 쓴다. 학생들에게 일기를 쓰라고 하는 까닭과 마찬가지로 교사로서 삶을 가꾸고 아이들과 쌓은 행복한 추억을 담기 위해서 쓴다. 때론 힘들고 아픈 이야기도 일기를 쓰면서 푼다. 교실 일기는 수업 마치고 집에 가기 전에 쓴다. 대부분 삶 기록지에서 글감을 찾아낸다.

일기 글감

학생들이 오늘 한 이야기와 모습에서 글감을 찾는다. 어제와 다른 모습, 말 한마디, 의도하지 않았던 반응, 이런 모든 것들이 소중한 글감이 된다.

학교 이야기도 담는다. 동료 교사들과 나눈 삶, 학교 안에서 겪은 이야기들을 계속 기록한다. 해가 지날수록 그 기록에 담기는 생각과 모습이 조금씩 바뀌는 것을 지난 일기를 읽어 볼 때마다 느낀다. 그래서 글을 쓸 때는 속 시원히 다 드러내려고 한다.

일기를 쓰면서 학생들 모습을 더 자세히 보게 된다. 학생들과 지내다가 '아, 이거 일기 쓰고 싶다.'고 느낄 때가 있다. 그러면 아이들이 한 말을 기억하려고 애쓴다. 아이들 모습도 더 유심히 살핀다. 어떤 날은 반 학생 모두를 일기에 담고 싶은 욕심이 생길 때도 있다. 그런 날은 하루 종일 학생 한 명 한 명을 주의 깊게 본다.

선생님이 쓴 일기를 학생들에게 보여 주기도 한다. 학급 누리집에 올리거나 손글씨로 써서 교실 뒤 게시판에 붙여 둔다. 그러면 학생들이 답글을 써 준다. 주로 칭찬과 격려가 많다. 학생들에게 일기를 보여 줄 때 조심스럽긴 하다. 거의가 우리 반 아이들 이야기니까 공개해도 될지 다시 한 번 더 살핀다.

● **교실 일기 – 욕이 없는 우리 반을 위해**

"선생님, ○○가 욕했어요."

"그래. 그럼 써 두지."

"선생님, 사실 저도 욕했어요."

인호가 날더러 자기 욕한 것을 말해. 용기지.

"그래. 그럼 너도 써 두자."

그렇게 지금 우리 반 칠판에는 ○○, ◇◇, △△, □□, 영근. 이렇게 다섯 이름이 써 있어. 그 가운데 ○○이 이름에는 (2)란 숫자가 있지. 무엇을 뜻하는지 하나하나 설명을 해 볼게.

지난번 일기에 어린이회의 때 '욕' 규칙 정한 거 말했잖아. 간추리면 이래. 욕을 많이 한다는 해린이 말에, 모둠끼리 협의를 했고 하나씩 규칙을 만들어 제안했어. 그렇게 나온 것 가운데 셋을 가려 뽑았지. 그것으로 3단계 벌칙을 정한 거야.

그 첫 단계는 칠판에 이름을 쓰고서 마음으로 노력하기지. 지난주에 물었어. "마음으로 노력하는지 어떻게 알아요?" "욕을 하지 않으면 노력하는 게 아닐까?" 그래서 이름을 써 뒀다가 한 주 뒤에 이름을 지우는 거야. 욕을 하지 않는다면.

그래도 욕을 하면 이름 옆에 (2)가 붙고, 한 시간 동안 뒤에 서서 벌을 받자고들 했어. 그래서 오늘 ○○은 사회 시간 한 시간을 뒤에 서서 공부했거든. ○○의 당당한(?) 모습도 참 보기 좋았어. 귀엽고 수줍음 많은 여학생인데 자기가 한 욕을 인정하고서 웃으며 그 벌을 받아들였거든. 그런데 칠판에 이름이 하나도 없는 게 가장 좋겠지.

그럼 '영근'은 어떻게 써 있냐고? 그게 깜짝할 사이에 욕을 하고 만 거야.

실과 시간에 프리젠테이션 도구 설명하다가 희문이가 좋아하는 프레지(Prezi)를 보였지. 그러니 사랑이들이 여러 질문을 해.

"뭐든지 잘하죠?" "아니. 그렇지 않아. 지가 좋아하는 것만 좋아해." "공부는 잘하죠?" "공부? 공부는 중간 정도 같은데. 학원을 안 다니니 문제 푸는 건 가끔 어려워해." "칭찬 많이 하죠?" "아냐. 그놈 자주 혼나." 했거든. '그놈.' "아, 선생님, 욕요. 그놈이라 했어요."

그래서 칠판에 내 이름이 있는 거야. 나부터 더 많이 애쓰자. 욕이 없는 우리 반을 위해.

• 2012년 7월 2일 월요일 알림장

1. 과학, 듣말쓰, 음악, 사회, 미술(2)

2. 미술 준비물 잘 챙기기

3. 기말고사 준비 즐거운 마음으로

4. 일기장 가지고 다니기

5. 생각그물(뉴스 보태서)

6. 오늘의 사랑이: 성준(2), 태희(2), 화영, 미성, 해린, 선영(2), 우진, 인호(2), 예찬, 신지우(3), 미주(2), 유진, 병현, 지훈(3), 문경, 태영, 최지우, 신혁

● 학생들이 일기에 써 준 답글

• 김인호 : 욕하지 맙시다. ㅋㅋㅋ 일주일 동안 욕 안 해서 이름 지울게요.

• 이유진 : 엉?? 그놈 아닌데요. ㅋㅋ.

• 김태희 : 저도 욕 안 하도록 노력해야겠어요. 그리고 또 비가 다시 왔으면 좋겠네요.

• 이하늘 : 원래 내 근처에 욕한 애들 많은데 내가 안 일렀지롱. 내가 이름 다 알고 있다. 참고로 1명 진짜 많이 하드라. 찔리는 사람이 있겠지.

• 윤성준 : 이하늘의 1명이 누굴까? 자신이겠지.

주제 정해서 기록하기

일기는 하고픈 말을 써야 한다. 그런데 교실 일기는 반에서 일어나는 일에 한정하니, 학급 생활에서 더 잘하고 싶은 분야를 정해(전담 교사라면 지도 과목 수업 이야기) 계속 기록하는 것도 좋은 방법이다. 나 또한 교사로 10년 넘게 살면서 해마다 한 가지 주제를 정해 그 내용을 일기로 써 왔다. 한 해를 마칠 때 그 글을 편집하기만 해도 학급 운영을 준비하는 데 좋은 자료가 되었다.

학생들과 지내면서 쓴 교실 일기를 모아 《참사랑땀으로 자라는 아이들》(이영근, 즐거운학교)이라는 책을 내기도 했다. 한 해 동안 선생님이 쓴 일기를 차곡차곡 모아서 해마다 묶어 낸다면, 교사로서 성장하는 데 좋은 자극제가 될 것이다.

글 쓰는 데 부담이 있다면, 첫 시작은 사진으로 남기는 기록을 권한다. 페이스북(facebook) 같은 에스엔에스에 사진을 올리면서 그날 있었던 일을 한두 줄로 남긴다. 이때 공개하는 것이 걸린다면 열람 권한을

'나만 보기'로 해서 선생님만의 일기장으로 쓸 수도 있다.

생각 나누기

요즘은 교실 일기를 함께 보면서 생각을 나눌 수 있는 공간이 많아졌다. 교실 일기를 다른 선생님들과 나누면 다른 학급 모습을 서로 엿볼 수 있어서 좋은 참고가 된다. 단, 온라인으로 쓸 때는 학생들 개인 정보가 드러나지 않도록 조심해야 한다.

3. 공부 모임

날마다 기록을 남기고 일기를 쓰는 것은 교사 스스로 성찰하면서 성장하는 모습이다. 아울러 다른 선생님들과 같이 공부하면서 함께 성장할 수 있는 길도 많이 열려 있다.

공부 모임을 하면서 서로 다른 교실 이야기를 나누면 학생들을 지도하는 데 큰 도움이 된다. 일기로는 풀리지 않는 이야기들도 풀어낼 수 있어서 좋다. 비슷한 처지에서 자기 이야기를 들어주는 사람이 있는 것만으로도 큰 힘이 된다.

한국글쓰기교육연구회

2004년부터 한국글쓰기교육연구회(http://www.kulssugi.or.kr, 아래부터 글쓰기회) 서울경기 모임에서 공부하고 있다. 교사로서 살아가는 바탕을 이 모임에서 계속 만들어 나가고 있다. 특히 글쓰기회 활동을 하면서 아이들 삶을 바라보는 생각이 크게 달라졌다. 혼자서 책 보고 일기 쓰고 해서는 받을 수 없는 큰 깨달음이었다.

글쓰기회에서 공부하기 전까지 '아이들이 좋아하는 선생, 아이들을 좋아하는 선생'으로 살기 위해 많은 학급 활동을 했다. 그런데 그 중심은 '학생'이 아니라 '선생'이었다는 것을 깨달았다. 아이들을 소중하게 여기고, 아이들 삶을 가꾸는 것이 중요하다는 사실을 글쓰기회에서 공부하며 배웠다. 그리고 지금도 배우고 있다.

글쓰기회에서 만난 어느 선생님이 사는 모습에서도 큰 배움을 얻었다. 그 선생님은 늘, "아이들을 하늘처럼 섬기는 교실을 만들고 싶다"는 말씀을 하셨다. 아이들을 진심으로 사랑하는 마음이 느껴져서 깊은 감동을 받았다. 그리고 그분처럼 살고 싶었다. 그 뒤로 '아이들을 하늘처럼 섬기는 교실'이라는 말을 마음에 소중하게 담아 두고 있다. '아이들을 하늘처럼 섬기는 교실'은 글쓰기회를 만든 이오덕 선생님의 책 제목이기도 하다.

초등토론교육연구회

토론은 우리 교육에 꼭 필요하다. 특히 교실토론은 초등 교사들이 제대로 알고 지도할 수 있어야 한다. 그런 뜻을 담아 초등토론교육연구회(http://cafe.daum.net/debateedu)를 만들었다.

많은 선생님들과 책을 읽고 토론 사례를 나누면서 함께 공부했다. 이 모임을 하면서 교실토론 풍경이 조금씩 바뀌는 모습을 보고 있다. 임원 선거할 때 토론회를 하거나, 사라져 가던 학급회의가 학생들의 말을 살리는 회의로 다시 살아나고 있다. 토론수업이 토론교육으로 바뀌는 모습도 보인다.

으뜸헤엄이

으뜸헤엄이는 같은 학년 교사들끼리 꾸려 가는 공부 모임이다. 예전에 1학년을 맡은 적이 있다. 처음 만나는 1학년 아이들이어서 두렵기도 했다. 그때 같은 1학년을 맡고 있던 아내, 그리고 옆 반 선생님들과 같이 공부 모임을 시작했다. 그렇게 네 사람이 3년 동안 1학년을 맡으면서 으뜸헤엄이 모임을 했다. 한 달에 두 번, 서로의 집에 모여 1학년 교과서를 살피고 아이들과 만나는 이야기를 나누었다. 이 모임에서 1학년 아이들에게 그림책이 좋다는 이야기를 듣고, 1년 동안 계속 그림책을 읽어 주기도 했다.

그때 시작한 '으뜸헤엄이'는 지금도 계속 이어지고 있다. 1학년부터 6학년까지 같은 학년 선생님들이 해마다 40명 넘게 꾸준히 모여 공부하고 있다. 지금은 한 달에 한 번 토요일에 모인다. 오전에 강의를 듣고, 오후에는 같은 학년끼리 모여서 교과서를 보며 공부한다. 학교 안에서도 이런 모임이 있으면 좋을 것이다.

공부 모임 운영하기

흔히 공부 모임에는 많은 사람들이 있어야 한다고 생각한다. 꼭 그렇지만은 않다. 가까이 있는 사람부터 시작하면 된다. '으뜸헤엄이'도 아내와 같이 시작했고 토론 공부 모임도 비슷했다.

서울에서 토론 모임을 할 때 달랑 세 사람만 모인 적도 있었다. 그래도 포기하지 않고 계속했더니 두 해 지나면서 10명이 넘게 늘었고 그 뒤로 함께하는 선생님이 계속 많아지고 있다. 적은 숫자라도 같은 생각을 가진 사람끼리 모일 수 있다면 공부 모임은 충분히 꾸릴 수 있다.

공부 모임은 사는 이야기로 먼저 시작했으면 한다. 그러면서 서로 마음을 열 수 있다. 책 한 권을 정해 같이 읽고 이야기를 나누어도 좋다. 그런 뒤에는 교실 속 이야기를 서로 터놓고 이야기하게 된다. 수업하는 이야기, 아이들과 지내는 이야기, 좋았던 이야기, 힘들었던 이야기를 드러내면서 함께 웃고 아파할 수 있다. 장소는 크게 중요하지 않다. 커피숍, 지역 도서관, 교실, 어디든 좋다. 함께 공부한 이야기를 인터넷에 카페를 만들어 기록을 남긴다면, 서로가 함께 성장하는 데 좋은 길잡이 노릇을 할 수 있다.

 정보 나누기

교사 수첩

교사 수첩에 하루하루 학급 삶을 기록할 수 있다. 교사를 위한 수첩이니 그때그때 학생들과 함께할 수 있는 학급운영 방법도 소개되어 있다. 학교 행사도 기록이 가능하다. 다만 참사랑땀 반 실정과는 좀 달라서 학생들 모습을 하나하나 기록하기에는 알맞지 않다.

학급운영록

학기 초 학급 교육과정을 만들 때 학급운영록도 함께 넣는다. 보통 학급운영록에는 수행평가, 상담, 생활지도 같은 내용을 기록할 수 있다. 많은 선생님들이 이 운영록을 교실에서 필요한 내용으로 편집해서 쓰거나 달마다 학교 제본기로 묶어 쓰기도 한다.

빛깔 있는
다양한 학급운영

4장

이야기

1. 옛이야기

우리 반은 이야기가 있는 교실이다. 특히 옛이야기는 학생들이 무척 좋아해서 들려줄 때마다 행복하게 웃는다. 또 옛이야기는 학생들을 오롯이 집중시키는 힘이 있다. 아이들 마음을 한데 모을 때는 옛이야기가 도움이 된다. 그래서 개학 첫날부터 옛이야기 한 자락을 꼭 들려주고 있다.

옛이야기의 성격

《옛이야기 들려주기》(서정오, 보리)를 쓴 서정오 선생님은 옛이야기의 성격을 세 가지로 이야기한다.

먼저, 흥미가 있어야 한다. 줄거리가 재미있어야 한다는 말이다.

다음으로 민중성이다. 보통 사람들이 사는 이야기, 지금 우리 아이들의 삶과 맞닿는 내용이어야 한다는 것이다.

마지막으로 사상성인데, 이야기 속에 담긴 가르침을 말한다. 머슴이 임금을 이기고, 토끼가 꾀를 부려서 호랑이를 물리치는 것처럼 약한 자가 힘센 자를 넘어서는 줄거리가 여기에 든다. 착한 일을 하면 복을 받는다는 이야기도 마찬가지다. 더불어 옛이야기는 본디 단순한 성격이기 때문에 자세하거나 길지 않아도 듣는 사람들이 감안해서 듣는다는 특징이 있다고 한다.

옛이야기꾼

교실에서는 학생들과 마음이 잘 통하는 선생님이 가장 훌륭한 옛이야기꾼이 될 수 있다. 옛이야기를 시작할 때 학생들이 집중하지 않을 수도 있다. 그럴 땐, "얘들아, 난 이야기꾼이다. 이야기꾼이 무엇을 먹고 사는지 아니?" 하고 물어본다. '손뼉을 먹고 산다, 대답을 먹는다' 같은 여러 이야기가 나온다. 그때 눈빛이라고 말해 준다.

그다음부터는 "이야기꾼이 무엇을 먹는다고 했지?" 하면서 옛이야기를 시작하면 학생들이 한목소리로, "눈빛." 하면서 선생님 쪽을 봐 준다. 그렇게 이야기를 시작한다.

옛이야기는 들려주어야 한다. 책을 보면서 읽어 줘도 좋지만, 그러면 눈과 눈으로 교감하는 힘이 떨어진다. 옛이야기만큼은 책을 보지 않고 아이들 얼굴을 보면서 들려주면 좋겠다.

학생들과 호흡하기

옛이야기를 들려주다 보면 이야기꾼인 선생은 흥이 절로 난다. 가끔은 학생들과 함께 손짓, 몸짓을 해 본다. 도깨비가 방망이질을 하면 책상을 두드리고, 머슴이 하늘을 날 때는 두 팔을 벌리고 나풀거린다. 또 옛이야기에는 듣는 사람과 이야기꾼이 말을 주고받는 상황이 많다. 이때 학생들이 말로 대꾸하도록 분위기를 만든다. 옛이야기에 등장하는 인물이나 상황에 우리 반 모습을 빗대기도 한다.

옛이야기를 학생들에게 들려주려고 해도 쉽게 용기가 나지 않는다. 처음 옛이야기를 시작할 때 이야기 한 편을 다 외우고서야 간신히 용기를 냈다. 그렇게 첫 이야기를 읽어 주기까지 1년이 넘게 걸렸다. 옛이야기를 처음으로 들려주던 날, 아이들 눈빛을 잊을 수 없다. 정말이지 선생님만 쳐다보면서 그 말과 손짓, 몸짓에 함께 호흡해 주었다. 학생들의 이런 반응이 옛이야기를 그만둘 수 없게 만드는 가장 큰 힘이라고 할 수 있다.

2. 선생님의 어린 시절 이야기

학생들은 선생님에 대해 알고 싶은 게 참 많다. '나이가 몇이냐, 사는 곳이 어디냐, 결혼은 했느냐' 하는 것들을 계속 묻는다. 하나하나 대답해 줄 때마다 좋아하면서 열심히 듣는다. 그래서 학생들에게 어린 시절 이야기를 자주 들려준다.

이처럼 학생들이 선생님의 이야기 하나하나에 귀 기울이도록 하는 것이 바로 수업 동기를 끌어내는 과정이다. 학생들의 눈과 귀를 모으기 위해 무언가를 따로 준비하지 않아도, 선생님이 들려주는 이야기만으로도 알찬 수업 자료가 된다.

영근 신화

몇 해 전 6학년 역사 단원에서 '신화'를 가르치다가 선생님의 어린 시절 이야기를 들려주었다. 그때 시작한 이야기가 자연스럽게 '영근 신화'가 되었다. 그 뒤부터 선생님의 어린 시절 이야기는 '영근 신화'가 되어 한 달에 한 편씩 학생들을 만나고 있다.

시골에서 자라면서 놀던 이야기, 어머니에게 혼나던 이야기, 눈 밑에 흉터가 생긴 이야기, 수업 시간에 똥 싼 이야기, 보리타작하던 이야기, 물고기 잡는 이야기, 나무하던 이야기, 얼음에 빠져 죽을 뻔한 이야기 들을 '영근 신화'로 각색해서 들려준다. 신화니까 한두 군데 정도는 과장을 해 준다.

방귀를 뀌어도 냄새가 조금도 안 나고, 똥 싼 바지를 개울에 빨면 그 덕으로 다음 해에 마을에 큰 풍년이 든다는 식으로 '신화'와 어울리게끔 살짝 포장을 한다.

어린 시절 이야기를 신화 형식으로만 들려주는 건 아니다. 잘못했던 이야기나 모자랐던 이야기들도 함께 해 준다.

수업 시간에 동그라미만 계속 그리다가 들켜서 어머니가 학교에 불려 왔던 일, 여섯 살 때 어머니와 같이 다니는 절에서 동전을 훔쳤던 일, 5학년 때 6학년 형의 꽤 큰 돈을 따서 혼났던 일, 뱀을 잡아서 여학생을 놀리던 일, 학교 가는 길에 밭에서 무를 뽑아 먹다 벌 받던 일들을 주로 학년 마칠 무렵에 하나씩 들려준다.

부모님의 어린 시절

선생님의 어린 시절 이야기와 연계해서 가끔 주말 과제로 '부모님의 어린 시절 이야기 적어 오기' 같은 숙제를 내준다.

● **아빠의 어린 시절 이야기**

선생님은 '영근 신화'로 어렸을 적 이야기를 해 주신다. 그래서 영근 샘 편지에 있던 바람이 '부모님 어린 시절 들려주기'인 만큼 나도 오늘 들은 이야기를 일기에 쓰려고 한다.

우리 아빠는 시골에서 태어났다.

첫 번째 이야기. 아빠는 어렸을 때 장난꾸러기였다. 그만큼 위험한 장난을 많이 해서 죽을 뻔했던 적도 있고 다른 사람을 위험하게 했던 적도 있다.

사람을 위험하게 한 이야기는 아빠가 어렸을 때 친구 귀에다가 화살을 쏘았다는 것이다.

아빠는 어렸을 때 대나무로 활을 만들어서 과녁 같은 곳에 쏘았다고 했다. 근데 어느 날 아빠 집 마당에 있는 감나무에 친구가 있어서 장난으로 활을 들며 "쏜다!"라고 했는데 "쏴라!"라고 해서 아빠가 옆으로 쏘았다. 그런데 귀에 걸린 것이다.

굉장히 아팠을 텐데 깜짝 놀라서, "이거 뭐야, 뭐야."라고 했다고 한다. 근데 아빠는 귀에 약을 발라 주고 갈 때 그 친구 할머니가 무서워서, "너네 할머니께 말하지 마. 알겠지? 제발……." 하며 신신당부를 했다고 한다. 아빠도 어렸을 때는 겁이 많았다. (……)

마지막 이야기는 아빠가 약간 멍청한 듯한 이야기이다. 아빠는 포도잎이 포도가 햇빛을 받지 못하게 막는 줄 알고, 포도잎을 다 잘랐다고 한다. 그래서 그 해에는 포도를 잘 먹지 못했다고 한다.

아빠의 어릴 적 이야기를 듣고 굉장히 재미있었다. 아빠는 공부만 하는 모범생일 줄 알았는데 그게 아니어서 조금 신기하기도 했다.

군포양정초등학교 5학년 3반 이소희.

시골에서 살아온 이야기를 들려줄 수 있는 선생님들이 갈수록 줄어든다. 지금 우리 학생들이 사는 모습(도시, 아파트, 공부)과 비슷하게 지낸 시절이 더 많을 수 있다. 자기들과 비슷한 공간에서 살아가며 고민한 선생님의 어린 시절도 학생들이 공감하며 들을 수 있다.

3. 쥐할멈 이야기

우리 반에는 우리 반만의 이야기가 있다. '쥐할멈' 이야기다.

수업 시간에 큰 종이 상자를 가져와서 교실 귀퉁이에 둔다. 학생들에게 이 상자는 쥐할멈의 집으로 통한다. 종이 상자를 가져오기 전에 미리 책《벽장 속의 모험》(후루따 타루히 글, 타바따 세이이찌 그림, 박숙경 옮김, 창비)을 읽어 준다. 벽장 속에 갇힌 두 아이가 쥐할멈에게 쫓기면서 겪는 재미있는 모험 이야기다. 이 책을 읽은 뒤라서 학생들은 큰 종이 상자를 쥐할멈의 집이라고 인정한다. 새로운 즐거움이 일어날 거라는 기대감도 갖는다.

공책 정리나 수학 문제를 풀 때 아이들이 상자 안에 들어간다. 처음에는 반신반의하면서 발만 넣더니 시간이 지날수록 상자 안으로 몸을 다 넣기도 한다. 어느 순간부터는 상자를 꽉 닫아서 깜깜한 속을 경험하겠다는 아이도 생겼다. '상자 속에서 쥐할멈을 만났고, 쥐할멈이 자기 발가락을 만졌다.'는 것처럼 쥐할멈이 한 행동을 일기에 쓴 학생들이 많았다.

종이 상자를 보름 정도 뒀다가 치웠는데, 한 학생은 일기에 '쥐할멈이 지금은 사물함 속에 숨어 있다.'고 쓰기도 했다. 그렇게 학생들은 쥐할멈과 이어지는 이야기를 계속 만들어 냈다.

쥐할멈 같은 우리 반만의 이야기는 아이들과 함께 쓰는 동화가 될 수도 있다. 《일기 쓰기 어떻게 시작할까》를 쓴 윤태규 선생님은 교실 이야기들을 모아서 동화책을 여러 권 내기도 했다.

다른 선생님들도 그 교실만의 이야기를 글로 담아 보는 경험을 해 보았으면 한다. 학생들 삶과 동떨어진 내용으로 지어낼 필요는 없다. 날마다 우리 반 이야기를 학생들이 학급일기에 꾸준하게 기록하고, 그 일기를 아침마다 읽어 주는 것도 한 방법이다. 함께 읽은 우리 반 이야기는 꼬리에 꼬리를 물고 새로운 이야기꽃을 피울 수 있다.

정보 나누기

윤태규 선생님의 교실 이야기
윤태규 선생님은 대구에서 초등학생을 가르치셨다. 《일기 쓰기, 어떻게 시작할까》(보리)로 일기 쓰기가 학생들 삶을 가꾸는 길임을 보여 주었고, 교실에서 아이들과 지내는 이야기를 동화로도 많이 남기고 있다. 《똥 선생님》(고인돌), 《이상한 학교》(한겨레 아이들), 《나뭇잎 교실》(산하) 같은 책에서 교실 이야기를 재미있는 동화로 살려 냈다. 이 책들은 교실 이야기가 학생들에게 들려줄 수 있는 소중한 자료임을 보여 준다.

노래

1. 희망의 노래

월요일 아침이면 노래 세 곡을 골라 학생들에게 기타 연주와 함께 들려준다. 이 세 곡은 그 주에 아침마다 같이 부르게 될 노래다. 처음 노래를 들려줄 땐 눈을 감고 듣게 한다. 노랫말에 집중할 수 있고, 노랫말 따라 떠오르는 장면을 머릿속에 그릴 수 있기 때문이다. 수요일 쯤에는 노랫말을 보며 함께 노래한다. 이렇게 날마다 노래를 하면 한 해에 130곡 정도 아이들과 부르는 셈이 된다.

노래를 시작하면 끝까지 정성껏 부른다. 열심히 부를수록 학생들을 계속 노래로 끌어들일 수 있다. 만일 기타 반주에 자신이 없다면 선생님이 노래만 불러 줘도 좋다.

마음이 따뜻해지는 아이들

노래를 고를 때는 여러 가지를 생각한다. 먼저 철에 맞는 노래를 많이 부른다. 봄이면 '봄나들이(백창우 곡)'나 '햇볕(이원수 시, 백창우 곡)' 같은 노래를 불러 주고 봄나들이를 나가기도 한다. 방학이 다가오는 여름에는 '여행을 떠나요(하지영 작사, 조용필 곡)'를 신나게 부르면서 더위를 이겨 낸다. 가을, 겨울에도 그 계절에 맞는 노래를 찾는다.

날씨에 어울리는 노래도 가끔 부른다. 비가 오면 '비가 온다(윤귀봉 시, 백창우 곡)' 같은 노래를, 바람이 많이 불 땐 '찬바람이 불면(김성호 작사, 작곡)'을 불러 주면 아이들이 좋아한다.

학생들 생활에 맞춘 노래도 있다. 밥을 안 먹을 때는 '밥상(백창우 시, 곡)'이란 노래, 공부로 힘들어할 땐 '큰길로 가겠다(김형삼 시, 백창 우 곡)'나 '꼴찌를 위하여'를 부른다.

교과서에 나오는 내용과 맞닿는 노래도 불러 본다. 세계지리에서 아 프리카를 배울 때 조용필의 '킬리만자로의 표범(양인자 작사, 김희갑 작 곡)'을 불러 주는데 아이들이 이 노랫말에 꽤 관심을 갖는다. '7080' 노 래도 주마다 한두 곡 넣는다. 그 덕에 식구들이랑 노래방에 갔을 때 부 모님과 노래를 같이 불렀다는 이야기들이 일기에 꽤 많이 나온다.

날마다 노래를 불러 주는 것은 노래가 아이들 마음을 어루만져 줄 수 있기 때문이다. 되도록 우리 정서와 삶이 담긴 노래를 골라 들려주 는 것도 그런 까닭이다.

처음엔 낯설게 여기다가도 어느새 노래에 빠져들고 좋아하는 학생 들 모습도 계속 노래를 부르게 만드는 힘이다. 무엇보다 노래를 부르 면서 아이들 마음이 따뜻해지는 게 느껴진다. 학생들과 노래로 많은 이야기를 나눌 수 있는 것도 참 좋다.

주말 과제로 '부모님 희망곡 알아 오기'를 내기도 한다. 학생들이 가져온 노래 목록을 보면서 할 수 있는 노래들을 불러 준다. "OO 어머니가 좋아하는 노래네." 하면서 노래를 부르면 그 곡을 낸 학생 표정이 참 행복하다. 바로 부를 수 없는 노래는 인터넷에서 동영상으로 찾아 들려주기도 한다.

수업 시간 배경음악

수학 문제를 풀거나 사회 공책 정리를 할 땐 학생들 소리가 크지 않다. 이럴 때 그동안 불렀던 노래들을 수업 시간 배경음악처럼 조용히 들려준다. 아이들은 노래에 맞춰 흥얼거리며 문제를 풀거나 공책을 정리한다. 교실이 시끄러울 때도 노래를 부르면 분위기를 가라앉히는 데 도움이 된다.

2. 노래로 놀기

학생들은 노래만 있으면 아무 때고 잘 논다. 특히 수업 시간에 부르는 노래는 아이들을 집중하게 하고, 지쳐 있을 때 힘을 주는 좋은 촉매제가 된다.

선생님에게 노래 선물하기

가끔 환경, 학교 폭력, 성교육, 다문화 수업 같은 특정 과목을 가르치는 선생님들이 올 때가 있다. 수업을 마칠 때쯤 선생님을 앞쪽으로 모시고 학생들이 기타 반주를 하면서 노래를 불러 드린다. 우리 반 문집도 선물로 드린다. 그럴 때면 노래 선물을 받는 건 처음이라면서 많이들 기뻐한다.

한번은 간병 휴직을 낸 영어 전담 선생님한테 학생들이 함께 노래를 불러 준 적이 있다. 그날 전담 선생님이 눈물 흘리던 모습이 지금도 생각난다. 이처럼 함께 부르는 노래만으로도 선생님께 고마운 마음을 정성껏 전할 수 있다.

음악 카페

가끔 날이 더운 날, "오늘 국어 시간은 음악이 있는 카페다. 노랫말을 공부 자료로 잡아 보자." 하면서 학생들에게 사연을 받는다. 선생님이 한 시간 디제이(DJ)가 되는 거다.

어머니 생신이라고 하면 축하 노래를 부른다. 누가 아프다고 하면, 낫길 바라는 마음을 담아 노래한다. 이렇게 한 시간은 더위를 잊고 음악으로 신나게 놀기도 한다. 그 뒤로 아침 노래 시간에 사연이 담긴 노래로 한 곡씩 더 해 달라고 하는 학생들이 생긴다. 그러면서 집에서 있었던 좋은 일, 궂은일을 노래 사연으로 하나씩 내민다. 노래를 징검다리 삼아 학생들이 집에서 보내는 삶을 엿볼 수 있어서 좋다.

노래로 삶 나누기

학생들과 노래로 삶을 함께 나누면 서로가 훨씬 더 쉽게 마음을 열수 있다. 노래를 고르다 보면, 선생님만의 사연이 있는 노래도 있다. 휘버스가 부른 '가버린 친구에게 바침(정원찬 작사, 작곡)'은 대학 4년을 늘 붙어 다니다가 먼저 저세상으로 간 친구가 즐겨 부르던 노래다. 이 노래를 부를 때 그 친구 이야기를 해 준다. 학생들은 다음에 이 노래를 들을 때면 자연스럽게 그 사연을 떠올리게 된다.

밥친구를 위한 노래

날마다 바뀌는 밥친구를 위해서도 노래를 한다. 밥친구는 듣고 싶은 노래를 말하기도 하고 아무 노래나 불러 달라고도 한다. 그러면 학생들이 두루 좋아하는 노래나 밥친구에게 어울릴만한 노래를 찾아서 불러 주고 있다.

노래잔치

음악 시간 또는 학기 말, 학년 말 행사로 노래잔치를 연다. 개인, 짝, 또는 모둠으로 나와서 노래를 부르는 자리다. 원칙은 모두가 참여해야 한다는 것이다. 상도 없다. 그냥 앞에 나와서 노래를 부르고, 모두가 손뼉 치며 즐기는 잔치다. 선생님이 초대 가수로 노래를 부르기도 한다. 학생들은 다른 사람 앞에서 노래를 하면서 자연스럽게 무대 경험도 쌓는다.

3. 기타 동아리

우리 반에서 가장 인기 있는 동아리는 기타 동아리 '꿈꾸는 아이들(꿈아들)'이다. 꿈아들 학생들에게 자주 하는 말이 있다.

"멋을 부리려고 배우는 게 아니라, 기타 치면서 노래하는 것을 그냥 즐겼으면 좋겠다. 또 친구들과 함께 기타로 마음을 맞추는 과정을 느낄 수 있기를 바란다."

아이들이 기타를 다루면서 음악을 사랑하고, 친구를 아끼는 마음을 조금씩 키울 수 있기를 바라는 마음으로 기타 동아리를 꾸준히 꾸려 가고 있다.

동아리 운영 방법

학기 초에 열리는 학부모 총회 때 기타 동아리를 꼭 추천한다. 학생들은 기타를 빨리 배워서 실력이 금방 늘기 때문이다. 또 방과후에 동무들과 동아리 활동을 하면서 어울려 놀 수 있는 것도 큰 장점이다.

기타 동아리는 희망하는 학생만 참가한다. 보통 10~15명, 많이 할 때는 18명 정도 참여한다. 연습은 주에 하루, 방과후에 한 시간 이상 남아서 한다. 가르칠 때는 기타를 치면서 바로 노래를 부를 수 있도록 주법 위주로 알려 준다. 기타 동아리를 하고 싶지만 가정 형편 때문에 못하는 학생도 있다. 어느 학생이 쓴 일기를 보고 알게 된 사실이다. 그 뒤로는 교실 앞뒤에 기타 두 대를 둬서 아무나 칠 수 있게 했다.

다른 반 선생님들이 기타 동아리 시간에 같이 연습하기도 한다. 어느 해는 같은 학년 선생님들 모두가 함께 배우고 싶다고 한 적도 있었다. 다만 여건상 다른 반 학생들까지 함께하기는 어렵다.

기타 동아리는 배움짝으로 친구를 가르치기도 한다. 2학기 음악 시간을 재구성해서 주에 한 시간은 기타 배우는 시간으로 삼는다. 기타 동아리 학생들이 이 시간에 짝을 이뤄 기타를 가르친다. 기타 동아리에 관심은 있었지만 여러 까닭으로 함께하지 못했던 학생들은 이 시간뿐

기타 동아리 학생들은 학교 안팎으로 공연을 많이 다닌다. 유치원을 찾아가 공연하는 모습.

만 아니라 쉬는 시간에도 열심히 배워 실력을 쌓는 모습을 볼 수 있다.

다양한 공연 펼치기

기타 동아리 학생들은 공연을 많이 한다. 교실 학예회는 물론이고 학교 장기자랑에도 나간다. 다른 반에 고마운 일이 있을 때 기타 동아리가 찾아가 선물 대신 기타를 연주하거나, 학교에 새로운 선생님이 오실 때 축하 노래를 부르기도 한다. 해마다 12월 말이면 성탄 축하곡을 연습해서 유치원에 찾아가 성탄절 공연도 한다. 반 친구들이 사는 마을 잔치에 초대 받기도 하고, 친구가 입원했을 때 병실로 찾아가 위로 공연도 해 준다.

그 밖에 '권정생 문학의 밤' '이오덕 추모제' '서정홍 시집 출판기념회' 같은 바깥 행사에도 많이 참여한다. 공연을 여러 번 하니까 학생들은 무대에 올라간 추억도 쌓고, 연습을 많이 한 덕에 기타 솜씨도 한껏 좋아진다.

쉬는 시간이면 학생들이 옆에 와서 노래해 달라고 조를 때가 많다. 학기 초에는 더 그렇다. 노래를 시작하면 아이들이 모여든다. 처음에는 듣기만 하다가 자기들이 아는 노래가 나오면 신나게 따라 부른다. 춤을 추는 아이들도 있다.

다룰 줄 아는 악기가 기타밖에 없다 보니 자연스럽게 기타 동아리를 만들게 되었다. 기타가 아니라 우쿨렐레나 오카리나 같은 다른 악기로 동아리를 꾸려도 좋을 것이다. 꼭 악기가 아니어도 된다. 선생님이 연극을 좋아한다면, 연극 동아리도 할 수 있다. 영화 감상이나 토론같이 선생님이 좋아하는 것으로 학생들과 함께 즐기는 활동을 만들어 갈 수 있다.

생일

1. 생일 축하

우리 반에서는 학생들이 생일을 맞은 그날, 아이들을 축하해 준다. 생일잔치는 하루 종일 이어진다. 생일인 학생의 사진을 칠판에 붙여 두고, 'OO 생일 축하해.' 하고 써 놓기도 한다. 그날 하루만은 생일 맞은 아이를 위한 날로 삼는다. 또 이날은 생일 맞은 학생이 정해진 밥친구 대신 담임 선생님의 밥친구 노릇도 한다.

생일 축하 노래

생일잔치는 축하 노래로 시작한다. 생일 맞은 학생을 불러내서 기타를 치며 '오늘같이 좋은 날(유정 작사, 노영준 작곡)'을 생일 축하 노래로 불러 준다.

"OO 태어남에 꽃이 더 아름답고, OO 있음에 세상은 더 밝도다. 오늘같이 기쁜 날 오늘같이 좋은 날, OO의 생일을 축하합니다."

생일 노래를 불러 주면 아이들은 부끄러워하면서도 굉장히 좋아한다.

1절은 혼자 조용히 부르다가 2절은 모든 학생들이 손뼉을 치면서 같이 부른다. 생일 맞은 아이가 조금은 부끄러워하면서도 굉장히 좋아하는 시간이다.

생일이 방학 때 있다고 걱정하는 학생들이 있다. 그래서 학기 말에 방학에 생일이 있는 아이들을 돌아가면서 미리 축하해 준다.

학급운영비로 사 둔 자그마한 선물을 생일 때마다 학생들에게 준다. 우리 반에서는 물건을 주는 보상이 따로 없다 보니 학생들이 자그마한 선물에도 무척 좋아한다.

선물은 학용품 3종 묶음으로 풀과 연필 그리고 지우개다. 그것만으로도 생일 맞은 아이는 행복한 웃음을 보인다.

부모님 생일 축하

학생들 글똥누기를 보면, 오늘이 부모님 생일이라는 글을 쓰기도 한다. 몰랐을 때는 괜찮지만 이렇게 알게 되었을 때는 축하를 해 드린다. 먼저 학부모에게 문자로 생일 축하한다는 말을 전하고 반에 있는 커피와 녹차 두 개를 챙겨 학생에게 준다. 부모님께 축하하는 마음을 담아 타 드리면 좋겠다는 말도 덧붙인다. 작은 마음이지만 나눌 때 더 커진다고 생각한다.

2. 교실 돌기

생일 축하 노래를 부른 뒤에는 생일 맞은 학생을 업고 교실을 한 바퀴 돈다. 생일날 무언가 특별한 것을 해 주고 싶다는 생각으로 시작한 일이다.

생일날 교실 돌기는 《살아 있는 교실》을 쓴 이호철 선생님이 해 오던 모습이다. 책에서 엿본 그 모습이 아름다웠고, 또 닮고 싶었다. 그래서 그 모습 그대로 우리 반에서도 생일이면 아이를 업고 교실 돌기를 하고 있다.

업고 팔짱 끼고 교실 한 바퀴

생일 노래 부르는 시간은 집에 가기 바로 전이다. 신나게 노래 부르고 손뼉도 치고 했으니 아이들도 마음이 들떠 있다. 노래를 마치자마자 생일인 학생을 업고 교실을 돈다. 여학생은 부담스러울 수 있어서

업히거나 팔짱을 끼는 것 가운데 선택하게 한다. 교실을 돌고 나면 생일 맞은 학생을 꼭 안아 준다.

교실 돌기를 할 때면 노래하고 축하한다고 교실이 떠나갈 듯 시끄럽다. 그래도 그대로 둔다. 자유롭고 즐거운 시간이어야 반 아이들과 잘 어울리지 못하는 학생이 생일일 때도 이런 분위기가 그대로 이어질 수 있다.

학생들을 업고 교실을 돌다 보니 재미난 일도 생긴다. 한번은 5학년 학생을 업다가 그대로 뒤로 자빠진 적이 있는데 아이들은 어느 때보다 신이 났다. 선생님을 업어 준 학생도 있었다. 학생 등에 업혀서 교실을 돌 때 미안하면서도 무척 감동스러웠다. 또 저학년을 맡았을 때는 같은 날 생일인 두 아이를 한꺼번에 안고 돈 적도 있다. 이렇게 생일날 교실 돌기를 한 기억들이 학생들에게 아름다운 추억으로 남을 수 있으면 좋겠다.

3. 생일 책

우리 반 학생들은 생일날 책을 받는다. 바로 생일 책이다.

학기 초에 부모님들께 생일 책을 한 권씩 보내 달라는 안내장을 보낸다. 그러면 대부분 책을 보내 주신다. 못 가져오는 학생이 있을 때는 다른 아이들 모르게 교실에 있는 책으로 대신한다.

생일 책은 이렇게 쓰인다. 생일을 맞은 날, 펜 묶음을 생일 책과 같이 1모둠에게 건넨다. 그러면 1모둠 아이들부터 마지막 모둠 아이들까지 차례로 책 곳곳에 축하 편지를 쓴다. "이 책은 생일 맞은 동무가 평생 가지고 있을 거니까 정말 정성껏 쓰자. 그리고 그 친구와 있었던 일을 같이 담아내면 더 좋겠다."고 미리 이야기를 해 둔다. 생일 책은 수업 시간에도 계속 돌아서 마지막 학생까지 쓴 다음 선생님에게 넘어온다. 그러면 책 표지나 안쪽에 편지를 써 준다. 아이들이 처음에는 생일 노래나 교실 돌기에 관심이 많은데 시간이 지날수록 친구들 축하 편지가 담긴 생일 책을 더 기다린다.

생일 책을 주기 전에 생일 맞은 학생에게 책 속에서 한 구절을 읽어 준다. 다른 학생이 읽기도 한다. 뜻깊은 날 읽어 주는 글은 마음에 더 오래 남을 거라고 생각한다. 또 책 내용을 조금이나마 미리 들었기에 집에 가서도 이 책을 마저 읽고 싶다는 마음이 일어날 수 있다.

정보 나누기

생일 편지 묶음
생일 책을 하지 않는다면, 편지지를 한 장씩 주고 편지를 쓰게 한다. 그 편지를 모아 편지 묶음으로 주기도 한다. 이때 생일 맞은 친구가 잘하는 것을 쓴 돌림 종이를 미리 써서 넣어도 좋다. 교실에서 편지 쓰는 시간을 갖기 힘들다면 하루 전날 집에서 써 오도록 한다.

전학 책도 생일 책처럼
생일 맞은 날 아이들이 생일 책을 받는다면, 전학 가는 학생은 전학 책을 받는다. 전학 책에도 아이들이 편지를 쓴다. 갑자기 전학을 가서 미리 챙기지 못할 때도 있다. 이럴 때는 우리 반 단체 사진을 뽑아서 아이들 이름을 써서 주기도 한다. 갑자기 전학 갈 때를 대비해서 교실에 전학 책으로 쓸 새 책을 한두 권 정도 준비해 둔다.

아띠

1. 아띠란?

'아띠'는 한 학생이 '데이(day)'라는 말 대신 추천해서 쓰기 시작한 말이다. 처음에는 아띠가 '오래된 친구'를 뜻하는 순우리말인 줄 알았는데 나중에야 순우리말이 아니라는 걸 알았다.

아띠는 주마다 우리가 정한 날, 보통 금요일에 하나의 주제로 학생 모두가 하나 되는 날이다.

가령 '모자 아띠'면 모두 모자를 쓰고, '빨강 아띠'면 모두가 빨간 옷을 입고 온다. 학생들은 다음 주에 무슨 아띠를 할지, 자기 모습을 다른 아이들은 뭐라고 해 줄지 설레는 마음으로 그날을 기다린다. 어떤 주제든 '아띠'라는 이름만 붙으면 아이들은 신이 난다.

주마다 아띠를 하려니 주제 정하는 게 만만치 않다. 그래서 아띠 주제를 정하는 행복 모둠을 뒀다. 행복 모둠에서는 학생들 의견을 받아서 아띠 주제를 정한다. 아띠를 할 때마다 주제가 다를 필요는 없다. 1학기에 했던 주제를 조금 다른 빛깔을 입혀서 2학기에 또 할 수도 있다.

계기교육도 아띠 주제로 활용한다. 4월 장애인의 날에는 아띠로 장애 체험 활동을 해 본다. 과학의 날에는 과학 행사가 곧 아띠다. 이처럼 모두가 함께하는 활동은 아띠로 이어질 수 있다. 학교에서 하는 계기교육 활동에 우리 반 빛깔을 보태 아띠로 살려 내면 된다. 그러니 아띠로 할 수 있는 주제는 참 많다.

2. 여러 가지 아띠

혼자서는 용기가 안 나서, 또는 부끄러워서 잘 못 하는 일들이 있다. 그런 것도 아띠로 함께하면 모두들 즐겁게 할 수 있다.

빛깔 아띠

가장 쉽게 할 수 있는 것이 옷 빛깔을 맞춰 입는 아띠다. 같은 빛깔로 옷을 맞춰 입은 모습만으로도 참 예쁘다. 아띠를 깜빡하고 다른 빛깔 옷을 입고 오는 아이들은 깜짝 놀란다. 스스로 챙기지 못한 것을 탓하며 부끄러워한다. 그러면 다음에는 더 잘 챙기게 마련이다. 빛깔만 정하지 꼭 옷이 아니어도 괜찮다. '빨강 아띠'를 했을 때 빨간 고무장갑을 가져와서 머리에 쓰고 다니던 학생 모습이 지금도 생각난다.

머리 묶기 아띠

여학생들이 머리 묶기 아띠를 하자고 제안을 했는데 남학생들이 반대를 하자 바로 토론이 벌어졌다. 짧은 시간이었지만 치열한 토론이었다. 남학생들 논리는 '머리가 짧으니까 묶을 수 없다'였는데 여학생들이 머리 묶는 걸 도와주겠다고 대응했다. 결국 머리 묶기 아띠를 하기로 결정했다.

아띠를 하는 날, 짧은 남학생들 머리를 여학생들 한두 명이 붙어서 묶어 주는 모습이 참 보기 좋았다. 담임도 머리를 묶고 하루를 보냈다. 그 덕에 다른 반 학생에게 이상하다는 소리를 듣기도 했지만 머리 묶기 아띠는 여러 모로 색다른 경험이었다.

한글 아띠

한글날에는 특별한 주문이 나간다. "내일은 한글날이니 '한글 아띠'를 할게요. 그러니 자기 옷 가운데 우리 말과 글로 된 옷을 입고 오세요." 한 해 동안 우리 반에서 하는 여러 활동 가운데 가장 힘든 일이 한글 아띠일지도 모른다. 아이들이 우리 말과 글이 있는 옷을 찾기는 거의 불가능에 가깝다.

가끔 학생들이 우리 글로 된 옷을 입고 오기도 한다. 하지만 '스파이더맨' '포켓몬' '세일러문'은 우리 글이기는 해도 우리 말은 아니다. 아이들은 우리 말과 글로 된 옷은 포기하고 다른 나라 말이 없는 옷이라도 찾는데 그것도 쉽지 않다.

어떤 학생은 가슴에 있는 작은 상표를 매직으로 지우거나 옷 안에 있는 상표를 가위로 자르기도 한다. 아무 글자도 없는 흰옷을 일부러 구해서 예쁜 우리 글을 새겨서 입고 오기도 했다. 이런 노력만으로도 참 값진 시간이다.

무지개 아띠

무지개 아띠는 모둠별로 빨, 주, 노, 초, 파, 남, 보 색깔 옷을 입고 오는 것이다. 마침 무지개 아띠 하는 날 나들이 시간이 있어서 철봉에 무지개 빛깔로 나란히 서서 사진을 찍었다. 그 모습이 참 볼 만했다. 그렇게 찍은 사진을 다음 날 교실 컴퓨터 바탕화면에 깔아 놓으면 학생들도 좋아한다.

보자기 아띠

보자기 아띠를 하면 많은 아이들이 멋을 부린다. 목도리처럼 목에 감거나 허리춤에 펼쳐서 치마 비슷하게 입고 온다. 보자기로 가방을 메고 오는 학생도 있다. 한 학생은 보자기로 가방을 싸서 메고 오는 게 부끄러워서 이리저리 숨어서 학교에 왔다고 한다. 겨우 교실에 왔는데, 칭찬하면서 사진을 찍어 줬더니 돌아갈 때는 아주 당당하게 자랑스러워하면서 갔다.

개나리 아띠

봄에는 개나리 아띠를 한다. 개나리꽃이 필 때쯤 노란 빛깔이나 연두 빛깔처럼 개나리꽃이랑 비슷한 색 옷을 입고 온다. 이날 교실 문을 열고 들어서면 노란 빛깔에 교실이 화사하다. 봄 분위기랑 잘 어울린다. 개나리 아띠를 하면 학생들은 학교 오가는 길에 핀 개나리를 더 자세히 들여다보게 된다.

이 밖에도 '모자 아띠' '과일 아띠' '도시락 아띠' '뷔페 아띠'같이 할 수 있는 주제는 정말 끝이 없다.

3. 빼빼로 데이

학생들 사이에서 빼빼로 데이는 문화로 자리 잡고 있다. 이날은 아이들과 해 볼 수 있는 활동이 많아서 여러 모로 색다른 공부 기회가 된다.

토론

우리 반에서는 빼빼로 데이를 논제로 토론을 한다. 이때 찬성과 반대 의견을 함께 준비해야 한다. 실제 토론에서 찬성과 반대 쪽을 무작위로 정하기 때문이다. 토론 전에는 그냥 빼빼로 데이를 즐기자던 학생들도 토론 뒤에는 생각이 달라진다. 찬성 편에도 서 보고 반대편 의견도 펼치면서 빼빼로 데이에 가려진 문제점을 스스로 느끼기 때문이다.

토론을 마치고 우리 반에서는 빼빼로 데이를 어떻게 할지 많은 의견들이 나온다. '못 받은 아이들은 마음이 아플 수 있으니까 빼빼로 마니또처럼 모두가 함께 받을 수 있는 방법으로 하자, 빼빼로 데이가 농업인의 날이랑 같은 때니까 가래떡 데이를 하자, 빼빼로 데이의 시작이 친구와 우정을 쌓는 것이니까 꼭 빼빼로가 아니어도 우정을 쌓을 수 있는 다른 활동을 하자.' 이처럼 토론 전과는 달라진 이야기들이 나온다. 이것이 토론이 가진 힘이기도 하다.

빼빼로 데이 바르게 알리기

토론을 한 뒤에는 미술 시간에 '빼빼로 데이 바르게 알리기' 안내판

빼빼로 데이의 대안 활동으로 빼빼로의 길쭉한 모양을 닮은 연필 깎기 대회를 연다.

을 만든다. 토론 내용을 바탕으로 빼빼로 데이에 가려진 문화, 경제, 사회 이야기들을 골고루 담아낸다. 아이들은 빼빼로 데이 하루 이틀 전날 교문 앞이나 학교 둘레에서 그 안내판을 들고 바르게 알리기 운동을 펼친다. 11월이라 춥고, 일찍 나와야 해서 귀찮을 수 있는데도 반 학생들 거의가 나온다. 아이들은 이 운동도 놀이처럼 즐긴다.

연필 깎기 대회

우리 반에서는 빼빼로의 길쭉한 모양을 닮은 연필 깎기 대회를 한다. 빼빼로 데이 날 학생들에게 연필 한 자루씩 주면서 연필 깎기를 시켜 본다. 처음에는 힘들어하지만 곧 익숙해진다. 이 대회를 할 때 등수를 따지거나 상을 주는 일은 없다. 학생들끼리 누가 더 잘 깎았나 견줘 보기도 하고, 잘 깎은 사람은 일어나게 해서 손뼉도 쳐 준다.

학생들이 연필 깎기를 한 번 하고 나면, 그 뒤부터는 쓰레기통 앞에 모여서 연필 깎는 모습을 많이 본다. 한 번의 경험이 아이들에게는 소중하다는 것을 확인할 수 있다.

가래떡 데이

11월 11일은 농업인의 날이다. 이날 뜻을 살려 가래떡을 같이 먹기도 한다. 빼빼로 데이 하루 전에 학생들이 집에서 가져온 쌀 한 줌씩을 모아서 가까운 방앗간에 맡긴다. 그 쌀은 가래떡으로 다시 태어난다. 따뜻한 가래떡이 빼빼로 데이 때 교실로 온다. 준비한 꿀에 찍어 먹거나 떡볶이도 해 먹는다. 만일 가래떡을 만들기 힘들다면, '떡볶이 아띠'로 준비해서 떡볶이를 해 먹기도 한다.

몸으로
배우는 공부

5장

나들이

1. 바깥이면 다 좋아

자연과 어울리는 아이들, 바깥에서 신나게 뛰어노는 아이들은 몸과 마음이 건강하다. 그래서 우리 반은 학생들과 교실 바깥으로 나가는 '나들이' 활동을 자주 한다. 학년, 성별 구별 없이 아이들은 바깥이면 다 좋아한다.

나가서 놀기

우리 반 칠판에는 기다란 막대기가 늘 서 있다. 나들이 갈 때 선생님이 막대기를 들고 앞장서면 학생들이 그 뒤를 따라온다. 운동장에 다다르면 막대기로 운동장 바닥에 줄을 그으면서 간다. 아이들은 그 자리에서 선 따라 걷거나 뛰는 놀이를 시작한다.

밖에 나가서 뭘 할까? 1학년 아이들은 나가서 줄넘기만 해도 좋아한다. 달리기도 한다. 선생님이 끝에 서서 호루라기를 계속 불면 아이들은 쉬지 않고 뛰고 또 뛴다.

둘레에 있는 작은 곤충도 관찰해 본다. 아이들은 바짝 엎드려서 개미를 따라다니거나, 개미를 어깨 위에 올려서 목마를 태우기도 한다. 또 여기저기 다니면서 마을이나 시장을 둘러보기도 하고, 햇살 좋은 날은 그냥 바깥에 나가서 두 팔 벌리고 자유롭게 움직여 본다. 교실을 벗어나면 놀 거리는 어디든 많다.

언제 나가서 놀까? 점심시간은 언제든지 나갈 수 있다. 수업 마치기 10분 전에 함께 나가는 시간도 갖는다. 특히 비 오는 날은 어김없이 밖으로 나간다. 이런 날은 쉬는 시간에 수업 마무리와 청소까지 미리미리 해 둔다.

약속 정하기

나들이를 나갈 때는 호루라기를 준비한다. 호루라기를 한 번 불면 모두가 담임 선생님이 있는 곳으로 향하는 것이 기본 약속이다. 아울러 맨 끝에서 따라오는 나들이 모둠보다 뒤처지면 안 된다.

무엇보다 혼자서 개인 행동을 하지 않는 것, 활동 시간을 줄 때 정해진 곳에서 움직이는 것도 중요하다. 나들이에서 가지고 놀았던 물건들을 그 자리에 그대로 두고 오는 것도 우리 반 나들이 약속이다. 이런 약속은 학생들과 함께 정하면 더 좋다.

바깥에서는 학생들을 집중시키는 데 시간이 꽤 걸린다. 나가기 전에 나들이 장소를 칠판에 그림으로 그리면서 활동할 공간을 정하는 것이 필요하다. 교실에서 나올 때는 학생들에게 활동 장소를 적어 주거나 사진으로 찍어서 알려 준다. 밖에 나가서는 교실에서 정한 장소를 다시 확인한다.

줄 서기와 옷 챙기기

나들이를 나가면 가장 먼저 줄 서기를 한다. 저학년과 처음 바깥에 나가면, 줄 세우는 데만 한 시간을 다 쏟을 수도 있다. 처음 줄을 세울 때 자세하게 방법을 알려 주어야 한다. 안전을 위해 학생 수를 정확하게 파악해야 하기 때문이다.

줄을 설 때는 번호 차례, 모둠 순서, 키 차례 같은 방법을 많이 쓴다. 또는 체육 시간에 줄 서는 방식을 그대로 따를 수도 있다. 우리 반은 모둠으로 줄을 많이 선다. 모둠에서는 이끔이 역할을 맡은 학생이 아이들 수를 헤아려 교사에게 알린다.

나들이하고 교실에 돌아오면 신발주머니나 옷을 잃어버렸다는 학생이 많다. 저학년은 더 그렇다. 나들이를 마치기 전에 학생들에게 신발주머니와 옷을 확인하라고 이야기해 주는 것이 안전하다. 아울러 바깥에서 모일 때 신발주머니나 가방 정리할 장소를 미리 정해 주고, 가지런히 세워 둘 것도 알려 줘야 한다.

나들이와 수업 활동

나들이를 수업 활동과 연계할 수 있다면 더 좋다. 실과 시간에는 만들기를 할 때 나가서 하는 경우가 많다. 망치 소리처럼 시끄러운 소리에 신경 쓰지 않고 할 수 있어서 좋다.

과학 시간에 물이나 흙으로 하는 실험도 밖에 나가서 한다. 미술은 자연 미술 과정으로 밖에서 할 수 있는 것이 많다. 나뭇잎이나 흙으로 미술 작품을 만들 수 있고, 비가 내린 다음에는 물이 고인 운동장에서 마을이나 물길 만들기도 할 수 있다.

2. 아침햇살

아침햇살은 우리 반에서 하는 특별한 아침 나들이다. 주에 한 번, 이른 아침에 선생님과 학생들이 함께 산에 오르는 활동이다.

방법

아침 햇살에는 희망하는 학생만 나온다. 보통 10명에서 15명 정도가 참여한다. 장소는 학교 위치에 따라 조금씩 달라진다. 의왕초등학교에 있을 때는 학교 뒤 모락산에 올랐다. 안산 상록초등학교에서는 학교 앞이 나지막한 산으로 된 공원이어서 그곳을 한 바퀴 돌았다. 군포양정초등학교에서는 학교 옆 공원으로 자주 갔다.

아침햇살에 나오는 학생들은 도시락을 준비해 온다. 인스턴트 식품은 되도록 피한다. 산에 오를 때면 선생님보다 앞장서지 않도록 주의시킨다. 안전을 생각해야 하기 때문이다. 산에 다 올라서면 같이 밥을 먹는다. 아이들은 이 시간을 가장 좋아한다. 밥을 먹고 교실로 오면 아침활동 시작 10분 전쯤이다. 아침햇살로 아침을 연 학생들 표정이 살아 있음을 느낀다.

아침햇살은 보통 6월이나 9월에 첫 시작을 한다. 그때 아침햇살 프로그램과 안전 대책을 담아서 내부 결재를 받는다. 그렇게 하면 학교

한 주에 하루, 이른 아침에 학생들과 '아침햇살' 나들이를 하고 있다. 건강도 챙기고 친구들, 선생님과 더 가까워지는 시간이다.

에서도 우리 반 특별활동을 인정해 주고, 조금 더 당당하게 아이들과 함께 즐거운 시간을 가질 수 있다.

관계 쌓기

아침햇살에 학생들이 많이 나왔으면 좋겠는데 쉽지가 않다. 게임에 푹 빠진 아이는 늦게 자니 일찍 일어나기가 힘들다. 집에서 부모님이 챙기기 힘든 아이, 친구들과 관계를 잘 맺지 못하는 학생들도 그렇다. 이런 학생들은 더 끌어들이려고 애쓴다. 학부모 상담에서도 아이들을 아침햇살에 꼭 나오게 해 달라고 부탁 드린다. 아침햇살에 나와서 동무들과 땀 흘리며 활동하고 함께 밥 먹는 시간이 아이들에게는 꼭 필요한 일이기에 더 그렇다.

주마다 아침 일찍 만나는 아침햇살이 쉽지만은 않다. 그렇다면 학기에 한 번 또는 1년에 한 번쯤 해 볼 것을 권한다. 꼭 산이나 공원이 아니어도 괜찮다. 아이들은 교실이 아닌 운동장에 모이라는 말만으로도 설레고 좋아한다. 아침밥까지 준비해서 운동장이나 교실에서 같이 먹으면 그것만으로도 소중한 아침햇살이 될 수 있다.

 정보 나누기

여러 가지 아침햇살

1. 방학에 만나는 아침햇살
방학 때 아침햇살 하는 날을 정해서 학생들을 만나기도 한다. 주로 학교 당직이 있는 날로 맞춰서 방학 기간에 아이들 얼굴 볼 기회를 만든다.

2. 해넘이, 해맞이 아침햇살
해넘이 아침햇살은 12월 말에 한다. 학생들과 나지막한 산에 올라서 떠오르는 해를 보며 새해 소원을 빈다. 또 1월 1일에는 해맞이 아침햇살도 한다. 해마다 하지는 못하고 여건이 될 때 할 수 있는 것들이다.

3. 헤어진 제자를 만나는 아침햇살
헤어진 제자들을 아침햇살로 해마다 꾸준히 만나고 있다. 의왕초등학교 제자들과는 3월 1일 아침 7시, 상록초등학교 제자들은 2월 넷째 주 토요일 아침 7시 30분에 만나고 있다. 아침햇살이 있어서 헤어진 제자들과도 계속 만남을 이어 갈 수 있다.

4. 도전! 모두가 나오는 아침햇살
아침햇살에 반 학생 모두가 도전하는 날을 꼭 갖는다. 보통 학년 말에 한다. 온전히 성공한 적은 없지만 도전하는 것만으로도 학생들은 설렌다. 성공하지 못하더라도 다른 때보다 많은 학생들이 나오니 그날만은 더 신난다. 도전 기념으로 수업 시간에 책을 읽어 주거나 헤어지기 전에 간단한 놀이를 한다.

텃밭

1. 텃밭 준비

텃밭 가꾸기는 아이들의 감수성과 건강을 두루 챙길 수 있는 활동이다. 먼저 학교 구석구석을 둘러보면서 텃밭으로 쓸 만한 곳을 찾아보자. 작은 공간이라도 좋다. 텃밭을 운영하는 학교라면 일부분을 반 학생들과 관리해 보겠다고 행정실에 이야기하면 된다.

학교 화단도 활용할 수 있다. 대신 화단에 있는 나무나 풀, 꽃들을 어떻게 할지 따져 봐야 한다.

학교 화단은 사람들이 많이 밟은 땅이라 생각보다 단단하다. 그래서 흙을 모조리 뒤집어 줘야 한다. 학생들과 삽이나 호미로 땅을 뒤집는 것으로 텃밭 만들기를 시작한다. 땅을 뒤집고 나면 퇴비를 많이 넣어 준다. 퇴비가 있어야 땅심이 살아나 작물이 잘 자랄 수 있다. 퇴비를 뿌리기 전에 풀도 뽑고, 돌멩이도 주워 낸다. 돌멩이는 한곳에 모았다가 나중에 텃밭 둘레에 둘러 놓으면 보기에 좋고 아이들도 재밌어한다.

텃밭을 만들었으면, 식물을 심기 전에 학생들과 텃밭 이름을 만들어 본다. 그리고 미술 시간에 모둠별로 팻말을 만들어서 텃밭에 달아 준다. 이것으로 텃밭 준비는 끝이다.

2. 심고 가꾸기

상추

키우는 재미도 있고, 잘 자라는 작물로 흔히 상추를 든다. 모종으로 심는 것이 편하기는 하지만, 씨로 뿌려서 키우는 재미가 더 쏠쏠하다. 먼저 상추 씨를 흩뿌리고 나서 흙을 살짝 덮는다. 그 위에 물을 뿌려 주면 일주일 뒤에 자그만 싹이 올라오는데 그 모습을 본 학생들은 깜짝 놀라기도 한다.

싹이 올라온 뒤에는 조금 더 자라기를 기다렸다가 옮겨 심는다. 옮겨 심을 빈 땅을 미리 마련해 두어야 한다. 싹이 난 것을 옮겨 심은 다음에는 물만 제때 줘도 정말 잘 자란다.

상추가 다 자라면 아래부터 한 잎, 한 잎 뜯는다. 충분히 뜯고 나면 키가 어느 정도 자라고 꽃도 핀다. 꽃이 핀 상추는 거의 못 먹는다. 그런데 우리 반은 꽃이 펴도 그대로 둔다. 꽃이 피고, 씨가 맺히고, 말라 죽는 모습까지 그대로 지켜보는 것도 학생들에게는 생생한 자연을 공부하는 과정이다.

꽃이 진 뒤에는 상추 씨를 받아 둔다. 씨의 모습도 관찰하고 다음 해 텃밭을 꾸릴 때 이 씨를 뿌려도 된다.

토마토

토마토는 보통 모종으로 심는다. 토마토를 기를 때는 순지르기를 잘해 주어야 한다. 잔가지들을 꾸준히 치면 남아 있는 굵고 긴 가지가 높이 올라간다. 그래서 토마토 버팀대는 5, 6학년 아이들 가슴 높이까지 오게끔 세운다. 또 가지들이 휘어지거나 부러지지 않도록 계속 노끈으로 묶어 주는 것도 신경 써야 한다.

오이

오이는 넝쿨식물이기 때문에 타고 올라갈 수 있는 곳이 있어야 한다. 철망으로 된 학교 벽 쪽으로 심기도 하고, 대나무 같은 것으로 만든 버팀대에 얼기설기 노끈을 묶어서 타고 올라가게 한다. 오이는 물을 많이 줘야 잘 자란다.

감자

감자는 심는 재미가 있다. 감자 눈이 다치지 않도록 조각을 낸 뒤에 밭두둑을 높게 올려 띄엄띄엄 심는다.

옛날에는 소독을 위해 감자에 재를 묻혀서 심기도 했는데 지금은 그냥 심어도 싹이 잘 올라온다. 감자가 자라면서 감자꽃이 하얗게 또는 자줏빛으로 피면 '감자꽃(권태응 시, 백창우 곡)'이나 '씨감자(이원수 시, 백창우 곡)' 같은 노래를 학생들과 같이 부른다.

고추

고추는 보통 모종으로 심는다. 물만 줘도 잘 크고 하얀 꽃잎도 예쁘게 난다. 자랄 때 버팀대 세우는 걸 잊지 말아야 한다. 고추를 딸 때는 가지를 잡고서 아래에서 위로 톡 딴다. 친구들과 같이 기른 것이니 씻어서 주면 학생들이 잘 먹는다.

들깨

들깨는 씨앗이나 모종으로 키운다. 깻잎을 먹으려고 키우는 잎들깨와 씨앗이 많이 열리는 들깨는 구분해야 한다. 보통은 잎을 따서 먹으려고 잎들깨를 많이 기른다.

깻잎은 상추처럼 계속 따서 점심시간에 먹을 수도 있고, 양이 많으면 학생들에게 나눠 줄 수도 있다. 들깨도 상추처럼 가을까지 그대로 두고서 꽃이 피고 열매가 맺는 모습을 살핀다.

3. 텃밭이 주는 즐거움

텃밭을 하면 여러 가지 즐거움을 맛볼 수 있다. 키우는 즐거움은 기본이고 먹는 즐거움도 크다. 또 식물의 한살이를 보면서 생명의 신비로움도 느낄 수 있다.

물 주기

학생들이 텃밭을 가꾸면서 가장 재미있어하는 것이 물 주는 일이다. 아이들은 학교에 오자마자 가장 먼저 텃밭을 찾아간다. 물뿌리개를 들고 텃밭에 가면서 친한 동무들과 이야기 나누는 즐거움이 크기 때문이다.

물을 줄 때 조심할 것이 있다. 해가 쨍쨍한 한여름에는 낮에 물을 주면 잎이 타서 말라 죽는다. 더운 여름에는 물을 아침 일찍이나 해질녘에 준다. 주말이나 방학처럼 학교에 오지 않는 동안에는 당번을 정해서 물을 주는 것이 필요하다.

텃밭 나들이

학생들은 아침에 학교에 올 때나 집에 갈 때 꼭 자기 텃밭에 가서 인사한다. 나들이 갈 때도 텃밭에 먼저 들러서 살피고 간다. 텃밭에서 아이들과 가장 많이 하는 활동이 그림 그리기다. 텃밭 옆에 앉아서 그림을 그리고 그 아래에 한 줄 글을 써 보게 한다. 이때 식물 모습을 보이는 그대로 담으라고 이야기해 준다. 텃밭을 가꾸는 학생들은 식물 관찰하는 눈을 저절로 키울 수 있게 된다.

먹는 즐거움

키우는 즐거움과 함께 먹는 즐거움도 크다. 특히 상추가 그렇다. 상추를 뜯어서 수돗가에서 씻을 때, 학생들이 얼마나 재미있어하는지 모른다. 가득 뜯어서 실과 시간에 삼겹살을 구워 쌈을 싸 먹기도 했다. 스스로 키운 상추여서 먹는 즐거움도 배가 된다.

아이들은 고추 먹기를 힘들어한다. 방울토마토도 못 먹는 친구들이 많다. 그런데 텃밭에서 키운 것은 잘 먹는다. 그 자리에서 방울토마토를 따서 입에 넣어 주면 맛있게 먹는다. 매운 음식을 잘 먹지 못하는 1학년 학생들도 텃밭에서 기른 고추만큼은 맛있게 먹는다.

텃밭과 아이의 변화

새 학년 올라올 때부터 소문이 많은 학생이 있었다. 다른 학생들과 다툼도 많고, 학습 참여는 떨어지고, 무엇보다 선생님에게도 나쁜 말과 행동을 한다고 했다. 그 학생이 우리 반이 됐다. 알고 보니 이 학생이 텃밭에 대해 잘 안다. 부모님께서 오래전부터 주말농장으로 텃밭을 해 왔다고 한다.

이 학생은 텃밭에 가는 것을 좋아해서 따로 부탁하지 않아도 주말마다 텃밭에 물을 줬다. 그 모습만으로도 칭찬을 많이 받았다. 더불어 이전처럼 문제가 되는 행동도 거의 없어졌다. 아이의 변화된 모습에 텃밭도 관련이 있을 것이라 생각한다.

정보 나누기

내 나무 정하기

학생들에게 자기 나무를 정하라고 하면 무척 좋아한다. 3월이면 학교에 있는 나무 하나를 자기 나무로 정하도록 한다. 학교에 들어왔을 때 쉽게 보이는 나무로 고르라고 알려 준다. 자기 나무가 생기면 아침에 학교 오는 길에 나무에게 인사를 한다. 나무와 인사 나누기는 그 나무를 유심히 보는 시간이다. 저학년 학생들은 자기 나무가 춥다며 옷으로 덮어 주면서 인사를 나누기도 한다.

풀빛 물드는 교실

학교에서 텃밭을 가꾸거나 교실에서 식물 키우는 활동을 전문으로 하는 선생님이 많다. 텃밭 활동 참고 자료로 《풀빛 물드는 교실》(노은희, 문화숲속예술샘)을 추천한다. 이 책이나 노은희 선생님이 출연한 교육방송을 보면 더 자세한 이야기와 정보를 얻을 수 있다.

놀이

1. 교실 놀이

교실에서 하는 놀이라면 학습 능력에 상관없이 누구나 1등을 할 수 있고, 또 1등이 자꾸 바뀌는 놀이여야 한다. 가장 흔한 가위바위보를 떠올리면 이런 조건에 잘 들어맞는다.

흔히 수업 효과를 위해 학습활동과 이어진 놀이를 많이 한다. 모둠 대결로 등수를 가려 보상을 해 주는 놀이가 그렇다. 새롭게 배운 내용을 어느 모둠이 많이 알고 있는지, 놀이라는 이름으로 대결시키는 것이다. 그러면 교실은 떠들썩하다.

하지만 대결 구도 놀이로 하는 수업은 살아 있는 수업이라고 말할 수 없다. 이런 놀이는 공부를 못하고 학습 능력이 떨어지는 아이들에게 즐거운 시간이 아니라 도리어 부담스럽고 마음이 무거워지는 시간이다. 자기가 틀려서 모둠 점수를 올릴 수 없으니 다른 친구들에게 미안하기 때문이다. 다른 학생들도 이 아이가 자기 모둠이 되지 않기를

"앗, 같은 방향이다! 내가 이겼다!" '늑대와 양'처럼 교실에서 쉽게 할 수 있는 재미있는 놀이가 많다.

바라게 된다. '너 때문에 졌다'면서 탓을 하기도 한다. 놀이라는 이름을 붙였지만 놀이가 가진 뜻에 들어맞지 않는다. 아이들이 진심으로 즐길 수 있는 교실 놀이가 필요하다.

짝 놀이

• 늑대와 양 : 짝하고 같이 일어나서 가위바위보를 한다. 이긴 학생은 늑대고, 진 학생은 양이 된다. 서로 등을 맞대고 돌아선 다음 '하나, 둘, 셋' 하면 고개를 좌우로 돌린다. 서로 같은 방향으로 얼굴을 보게 되면 늑대가 이긴 것이다. 반대로, 서로 다른 방향으로 고개를 돌렸으면 양이 이긴다.

• 지우개 놀이 : 짝과 지우개 하나를 사이에 두고 앉는다. 진행자가 '잡아!' 하고 신호를 주면 지우개를 먼저 잡는 사람이 이긴다. '주워!' 했을 땐 움직이는 사람이 진다.

• 바뀐 몸을 찾아라 : 짝과 등을 맞대고 선 다음 단추를 풀거나 소매를 걷는 것처럼 자기 몸에서 무언가를 바꾼다. 그런 뒤에 돌아서서 어떤 것이 바뀌었는지 찾게 하는 놀이다. 바꾸기 전에 서로의 모습을 미리 관찰하는 시간을 준다. 바꾸는 횟수를 계속 늘리면서 놀이를 이어 갈 수 있다.

• 자석 놀이 : 짝과 마주 보고 선다. 한 사람이 손바닥을 상대 얼굴 가까이 댄다. 손바닥을 조금씩 움직이면 상대는 손바닥을 따라 몸을 움직인다. 세 사람이 할 수도 있다. 한 사람이 두 팔을 벌리고 손바닥을 양 옆으로 편다. 양 손바닥 옆으로 두 사람이 서고 같은 방식으로 손바닥 따라 움직이면 된다.

• 벌칙 : 교실 놀이에도 벌칙이 있다. 진 사람이 이긴 사람에게 90도로 인사하는 벌칙이 있는데 이때, "누님, 안녕하십니까!" 같은 인사말을 넣게 하면 재밌다. 이긴 사람 칭찬하기 같은 벌칙도 있다.

모둠 놀이

• 우리 모두 하나 되어 : 교실 뒤에 두 모둠 학생들이 양 옆으로 선다. 가운데 학생이 모둠장이 된다. 진행자가 '우리 나라 산 이름 대기'를 문제로 낸다. 모둠 이름을 먼저 말한 쪽에 기회를 준다. 모둠장을 시작으로 모둠원이 서로 다른 산 이름을 정확한 박자에 맞춰서 말하면 이긴다. 박자를 놓치거나 앞에서 말한 산과 같은 이름을 말하면 상

대편에 기회가 넘어간다. 주제들을 산, 강, 음식, 이름, 물건으로 다양하게 바꿀 수 있다.

• 이구동성 : 모둠에 네 글자를 주면 모둠원끼리 한 글자씩 맡아서 한꺼번에 큰 소리로 말을 한다. 그 소리를 듣고 다른 학생들이 글자를 알아맞힌다. 알아맞힌 모둠이 뒤를 이어서 또 다른 네 글자를 말한다. 보통 네 글자를 한꺼번에 말하면 잘 알아맞히지 못한다. 그래서 두 명씩 말하거나 한 명씩 말없이 입만 벌리게끔도 한다.

• 다리 수 줄이기 : 모둠이 둥글게 선다. 진행자가 부르는 수만큼 다리를 줄여 나간다. 4인 모둠이라면 처음에는 8에서 하나씩 줄여 나가거나, 4에서 시작해 3, 2, 1로 줄여 나간다. '다리 수 줄이기'와 비슷한 놀이로 '신문지 위에 함께 올라서기'가 있다. 신문지를 반으로 계속 접어 가며 그 위에 올라서는 놀이다.

학급 놀이

• 눈치 놀이 : 학생 모두가 의자에 올라선다. 진행자가 "시작!" 하면, 아무 학생이나 1을 부르며 놀이를 시작한다. 다른 학생들이 '2, 3, 4…'로 번호를 이어서 부르는데 똑같은 번호를 동시에 부르면 탈락으로 자리에 앉는다. 탈락자를 뺀 학생들과 다시 처음부터 시작한다. 번호를 차례대로 불렀는데 모두가 다 부를 동안 겹치는 학생이 없다면, 맨 마지막 번호를 부른 학생이 탈락한다.

• 1, 2, 3, 4 놀이 : 아주 간단하면서도 아이들이 좋아하는 놀이다. 먼저 교실 네 모서리를 '1, 2, 3, 4' 번호로 정한다. 술래는 칠판 옆에 와서 눈을 감거나 안대를 한다. 그사이 10초를 주면 학생들은 마음껏

돌아다니다가 네 모서리 가운데 아무 데나 서 있는다. 이때 술래가 부르는 번호와 같은 모서리에 있는 사람은 탈락이다. 그렇게 계속 숫자를 부르면서 탈락하고, 또 자리를 옮기면서 놀이를 이어 간다. 집에 가기 전에 짧게 모두가 어울릴 수 있는 놀이다.

• 어째, 난처합니다 : 학생들에게 열 가지 도전 과제를 던져 준다. 친구 앞에 무릎 꿇고 '나는 당신을 사랑합니다.' 말하기, 친구 앞에서 팔굽혀펴기 열 번 하기 같은 과제들이다. 이 과제를 연습장에 적고, 실제로 그 행동을 한 다음 연습장에 사인을 받는다. 사인 받는 열 명 이름이 다 달라야 한다. 도전 과제를 다 하고 나면 느낀 점을 써서 담임에게 낸다.

• 다같이 놀이 : '가라사대'로 많이 알려진 놀이다. 진행자가 '다같이'라는 말을 붙일 때만 명령을 따라 한다. 예를 들어, "다같이 손뼉 세 번" 하면 손뼉을 세 번 친다. 다같이라는 말을 빼고, "손뼉 세 번" 했는데 손뼉을 치면 틀린 것이다. 처음에는 손뼉치기로 했다가, 나중에는 동작으로 명령을 내린다. 명령을 내릴 때는 조금 빠르게 해야 실수가 나오면서 재밌어진다. 보통 틀린 사람에게 핀잔을 주는 학생들이 생기기 마련이다. 이럴 때는, "틀린 친구에게 괜찮으니 다음에는 잘해 보자고 격려해 주세요." 하는 말을 덧붙인다.

교실 놀이는 아침에 하면 아이들 마음이 들뜰 수 있다. 집에 가기 전 또는 수업을 힘들어할 때 짧게나마 기운을 북돋아 주는 시간으로 하는 게 좋다. 주마다 새로운 놀이를 할 필요는 없다. 아이들이 좋아하는 놀이는 하고 또 해도 즐거워한다.

2. 운동장 놀이

교실과는 달리 운동장은 넓은 공간을 활용할 수 있다. 크고 빠른 동작으로 아이들의 운동량을 늘리고, 여럿이 함께 즐길 수 있는 놀이가 좋다.

술래가 있는 놀이

• 무궁화 꽃이 OOO 합니다 : 우리가 아는 '무궁화 꽃이 피었습니다' 놀이를 조금 바꾼 것이다. '무궁화 꽃이 OOO 합니다'에서 'OOO'에 여러 가지 동작을 넣는다. 술래가, "무궁화 꽃이 춤을 춥니다." 하면 춤추는 동작을 하고, "무궁화 꽃이 똥을 눕니다." 하면 똥 누는 모습을 한다. 맑은 가을날에는 '무궁화 꽃이 드러누워서 하늘을 봅니다' 동작을 해 보면 좋다.

• 괴물 술래잡기 : 일정 구간에 금을 삐뚤빼뚤하게 긋는다. 그 안에서 술래가 하는 말과 동작을 따라 하면서 금 밖으로 나가지 않게 도망다녀야 한다.

술래가, "토끼."라고 말하고서 깡충깡충 두 발로 뛰면, 나머지 학생들도 깡충깡충 뛰면서 도망친다. 술래가, "괴물이다. 어흥, 어흥." 하면 학생들도, "어흥, 어흥." 하면서 도망 다닌다. 술래한테 잡히지 않으려고 뒷걸음질 하다가 흙에 자빠지거나 구르기도 하면서 한바탕 신나게 놀 수 있다. 술래한테 잡히면 10미터쯤 떨어져 있는 미끄럼틀을 한 번 타고 오는 것이 벌칙이다.

"무궁화 꽃이 똥을 눕니다!" 술래가 외치면 모두들 똥 누는 모습을 해야 한다. 술래도, 술래 아닌 동무도 함께 재미난 놀이다.

길게 즐길 수 있는 놀이

• 동물 피라미드 : 학생들끼리 가위바위보를 해서 이길 때마다 파리, 개구리, 뱀, 독수리, 천사로 단계가 올라가는 놀이다. 알 단계부터 시작한다.

알이 된 학생들은 기어 다니면서 같은 알끼리 가위바위보를 한다. 이기면 다음 단계인 파리로 진화하고 지면 계속 알로 남는다. 다른 단계도 같은 방식이다. 파리 단계인 학생들은 앉은 채로 손을 비비면서 다닌다. 파리끼리 만나 가위바위보를 하고 이기면 개구리가 된다. 개구리가 되면 그때부터 폴짝폴짝 뛰어다니고, 뱀이 되면 서서 혓바닥을 날름거리며 돌아다닌다.

'이기면 파리, 지면 다시 알.' 한 단계씩 진화하면서 동물 흉내를 내야 하는 동물 피라미드는 운동장에서 길게 즐길 수 있는 놀이다.

독수리까지 되면 두 팔을 벌리고 마음대로 뛰어다닐 수 있다. 마지막으로 독수리끼리 가위바위보를 해서 이기면 천사가 되고, 나풀거리며 왕에게 간다.

왕은 처음부터 선생님이 맡는다. 왕이랑 가위바위보를 해서 이기면 대왕이 되어 왕보다 높은 자리에 앉는다. 지면 처음으로 다시 돌아가 알이 돼야 한다. 알부터 시작해서 계속 여러 판을 이겨야 하기 때문에 대왕이 되기가 쉽지 않다. 아이들에게는 대왕 한번 하는 것이 큰 즐거움이다. 놀이를 계속하다가, "자, 폭발합니다. 다시 알부터 시작합니다!" 하고 외치면 전부 다 알이 되어서 처음부터 놀이 단계를 다시 시작한다.

운동장이 커다란 도화지로 변신! 함께 그리는 시간도 재밌고 다 그린 다음 높은 곳에서 바라보는 맛도 남다르다.

• 운동장 그리기 : 운동장을 큰 도화지 삼아, 물 주전자를 붓처럼 쓰면서 커다랗게 그림을 그린다. 반 학생 모두가 힘을 모아 그리는 과정도 재밌지만 다 그린 뒤에 교실에 올라가서 보면 거대한 미술 작품을 보는 듯하다.

노래가 있는 놀이

• 손을 잡고 오른쪽으로 빙빙 돌아라 : 모두가 손을 잡고 빙 둘러서서 노래를 한다. "손을 잡고 오른쪽으로 빙빙 돌아라. 손을 잡고 왼쪽으로 빙빙 돌아라. 뒤로 살짝 물러섰다 앞으로 다시 다가와 손뼉 치며……" 그러다가 선생님이 숫자를 부르면 그 수만큼 모인 아이들끼

리 바닥에 앉는다. 주로 운동장 놀이를 시작할 때 필요한 수만큼 학생들을 모으기 위해 많이 한다.

• 쥐와 고양이 : '손을 잡고 오른쪽으로 빙빙 돌아라' 노래를 부르면서 두 사람씩 모이게 한다. 두 사람은 마주 보고 손을 잡는다. 그 가운데 진행자가 지명한 학생 둘은 손을 놓고 한 명은 고양이, 또 한 명은 쥐가 된다.

고양이가 된 학생이 손을 높이 들고 "야옹." 하고는 고양이 흉내를 내면서 쥐를 잡으러 간다. 쥐는 도망가다가 둘씩 손잡고 있는 학생 가운데 한 명과 두 손을 잡는다. 그러면 쥐를 쫓던 고양이는 쥐가 되고 짝을 뺏긴 학생은 고양이가 되어 다시 쥐를 잡으러 간다.

3. 놀이로 즐거운 아이들

아이들은 놀이를 만드는 힘이 있다. 잠시도 가만히 있지 않는다. 무엇이든 손에 잡히는 것은 놀잇감이 되고 서 있는 그 자리는 놀이터가 된다. 아이들 모습을 유심히 보고 있으면, 새로운 놀이를 만들어 내는 기막힌 생각에 놀랄 때가 많다.

동아리 모둠

우리 반에서 인기 있는 모둠이 동아리 모둠이다. 이 모둠은 동무들이 함께 어울려 놀 수 있는 활동 계획을 세운다. 계획과 진행은 동아리 모둠이 알아서 한다. 동아리 모둠과 별개로 놀이 모둠도 운영할 때가 있다. 주로 피구, 공기, 요요 같은 놀이 동아리를 많이 만든다. 함께 즐길 수 있는 놀이를 스스로 만드는 학생들이 있기에 교실은 늘 활기가 넘친다.

춤추는 아이들

장기자랑 시간이 되면 많은 학생들이 춤을 춘다. 아이들이 춤추기를 좋아하기 때문에 이런 시간을 자주 만든다. 인터넷에서 쉽게 구할 수 있는 '독도는 우리 땅' 플래시몹이나 인터넷 다음 카페 '초등참사랑 동영상교육자료(http://cafe.daum.net/chochammulti)'에 있는 영상을 활용해서 자투리 시간에 함께 춤춰도 좋다.

자기들이 좋아하는 춤을 추고 싶어 하는 학생들은 교실 한 공간에서 수업 아닌 때에 연습할 수 있도록 분위기를 만들어 준다. 이때 끼리끼리만 연습하지 말고 반 친구들에게 가르쳐 주면서 하자는 이야기도 해 준다. 학생들과 어울려 선생님도 같이 춤추면 반 분위기가 훨씬 흥겨워진다.

놀이마당

여러 가지 놀이마당을 만들어서 학생들이 모든 마당을 다 거치도록 한다. 학기 말 행사나 학년 체육대회로 하면 좋다. 학생들이 좋아하는 놀이마당에는 '신발 차서 선 넘어가기' '비석치기 3단계 통과' '제기차기' '줄넘기' '훌라후프' '투호' '배드민턴 공 팅기기' '축구공 작은 골대에 넣기' 따위다.

모둠 하나 되기

놀이는 모둠이나 학급 세우기에도 활용할 수 있다. 모둠이나 학급 모두가 도전하는 놀이를 하면서 공동체 정신을 키울 수 있다.

예를 들어, 혼자서 풍선을 튕기다가 짝과 손잡고 떨어뜨리지 않고 튕기기, 모둠원 넷이 손잡고 떨어뜨리지 않고 튕기기, 남녀로 원을 하나씩 만들어 튕기기, 학급 전체가 손잡고 튕기기로 이어지게끔 놀이를 진행한다.

선생님과 놀기

퇴근하기 전에 날마다 칠판에 편지를 쓴다. 학생들에게 들려주고픈 이야기를 담은 '영근 샘 편지'다. 그래서 칠판에는 '영근 샘 편지'라는 낱말 다섯 개가 고정으로 붙어 있다. 이 다섯 글자도 아이들은 그냥 두지 않는다. 글자 옆에다 오행시를 짓기도 하고, 선생님 사진을 재미나게 그려 놓고는 자기들끼리 웃고 장난친다. 그것도 아이들에게는 놀이다.

어느 날은 점심시간에 잠시 나갔다 오니 학생들이 선생님 자리에 있는 물건을 온통 집게로 집어 놓았다. 서류를 집을 때 쓰는 알록달록한 플라스틱 집게로 장난을 친 거다. 전날 밥친구가 비슷하게 하는 것을 보고 따라 한 모양이다.

집게 놀이는 여기서 그치지 않는다. 다음 날 점심에는 선생님 옷부터 머리카락까지 집게로 잔뜩 치장을 해 줬다. 아이들과 함께 한바탕 실컷 웃었던 날이다. 학생들이 먼저 다가와 주니 선생으로서 참 행복하고도 고마운 일이다.

아이들이 노는 모습을 보고 있으면 얼굴 가득 행복이 느껴진다. 땀 흘리며 노는 모습은 걱정 없이 편안해 보인다. 놀이로 웃는 아이들 모습에서는 언제나 놓치기 싫은 희망이 보인다. 그런 까닭에 학생들이 공부로 힘들어할 때면 노는 시간을 자주 만들어 주려고 애쓴다.

요즘 우리 아이들은 놀 곳이 없다. 놀 수 있는 시간도, 친구도 없다. 놀이가 아이들 삶에서 점점 사라지고 있다. 학교라는 공간이 아이들 놀이터가 되고, 함께 지내는 교실 친구들이 놀이 동무가 되면 좋겠다. 그렇게 교실이 배움터이면서 놀이터 몫을 했으면 한다.

몸으로 만나기

1. 선생님 집 찾아가기

선생님 집에 가 보고 싶다는 학생들이 많다. 우리 반은 '작은 여행'이라는 이름으로 선생님 집에 찾아가는 활동을 하고 있다. 학교에 가지 않는 날, 학생들과 교실 밖에서 만나면 또 다른 즐거운 추억을 만들 수 있다.

모둠으로 가는 작은 여행

선생님 집에 찾아갈 땐 모둠으로 움직인다. 보통 토요일 오후에 가서 같이 음식을 만들어 먹거나 놀이를 한다. 집 가까이에 산이 있으면 함께 오르고 초등학교가 있으면 운동장에 가서 놀기도 한다.

학생들이 오는 날과 시간에 맞춰 가까이 있는 문화예술회관 공연 일정도 살핀다. 같이 볼 만한 공연이 있으면 미리 예매해서 보기도 한다. 집에서 영화를 보는 시간을 만들 때도 있다. 준비된 모든 활동을 마치면 마지막으로 다 같이 잠을 잔다.

한번은 6학년 학생들 넷이 찾아왔는데 그 가운데 두 아이의 부모님이 가게를 하는 분들이었다. 둘 다 부모님 가게에 가 본 적이 없다고 해서 그날 저녁에 학생들과 같이 그 가게에 갔다. 물론 부모님께는 미리 양해를 구했다.

선생님 집에 가는 날

처음에는 주로 토요일에 작은 여행을 했는데 지금은 토요일이 학교 가는 날이 아니라서 방학으로 때를 바꿨다. 방학 가운데 3일 정도를 '선생님 집에 갈 수 있는 날'로 정하고 학급 누리집에서 학생들 신청을 받는다.

5학년 이상일 때는 스스로 찾아오도록 한다. 방학 때 하다 보니 찾아오는 학생 수가 많아져서 선생님 집에서 잠은 자지 않고 그날 저녁에 집으로 돌아간다.

학생들이 집에 왔을 때 무엇을 할까 고민이 된다. 그럴 때는 아이들에게 '집에 있는 책 읽기' '요리하기' 같은 내용을 적어서 시간표를 주기도 한다.

작은 여행을 선생님 집에 찾아가는 활동이 아니라, 담임과 모둠이 함께하는 시간으로 초점을 맞추면 학교 안에서도 할 수 있는 일은 많이 찾을 수 있다.

모둠별로 돌아가면서 주에 한 번 수업 마치고 교실에 남아 선생님과 시간을 보낼 수도 있다. 선생님과 모둠이 함께하는 시간은 자연스럽게 집단 상담으로 이어지기도 한다.

2. 들살이

교실 들살이

교실에서 반 친구들과 하룻밤을 자는 활동이 교실 들살이다. 교실 캠프라고도 한다. 우리 반은 이 활동을 '참사랑땀 어울림 잔치'라고 부른다.

보통 오후 5시에 시작해서 다음 날 아침 9시에 마치는데, 학교 결재를 받고 진행한다. 잠을 자지 않고 그날 밤 9시쯤 집으로 돌아가는 일정도 괜찮다. 수업 마치고 집에 가서 준비물 챙겨 오기, 운동장 놀이, 저녁 먹기, 영화 보기, 교실 놀이 정도만 해도 하룻저녁을 즐겁게 보낼 수 있다.

서점 들살이

학생들과 쉽게 할 수 있으면서도 뜻깊은 활동이 서점 나들이다. 반 학생 모두가 학교 가까이 있는 서점에 들러서 책을 읽고 서점 구경도 한다. 아이들에게는 서점에 오가는 시간도 즐겁고 책이 주는 재미까지 더해지니 더 알찬 시간이다.

여러 가지 들살이

운동 들살이 시간에는 경기장에 함께 간다. 농구, 야구 같은 경기를 다 같이 응원하면서 보면 무척 즐겁다. 방송국 견학을 가기도 했는데 같이 갔던 학생들은 십 년이 훌쩍 넘은 뒤에 만나도 그때 기억을 떠올린다. 비무장지대가 있는 철원에도 여러 번 갔다. 평화전망대에 들러

비무장지대를 보고, 군인에게 직접 설명을 듣는 시간도 가졌다. 버스를 세 번이나 갈아타느라 고생했던 남한산성 들살이도 기억이 생생하다. 교실 바깥 들살이는 학급 교육과정에 미리 계획을 넣고 학교 결재를 받은 뒤에 진행한다.

작은 여행이나 들살이 모두 학생들에게는 선생님, 동무들과 함께 만든 소중한 추억이다. 선생님이나 친구들 사이는 자주 만났을 때 더 좋아진다. 학급운영에서 어떤 활동이든 가장 중요한 바탕은 구성원들끼리 친밀한 관계다. 관계 쌓기에 도움이 되는 다른 활동들도 많지만, 작은 여행과 들살이 같은 특별한 활동은 그 효과가 더 오래간다.

3. 사회와 만나는 활동

우리 반은 교실을 벗어나 사회와 만나는 활동을 몇 가지 하고 있다. 학생들이 여러 가지 환경을 경험하면서 세상 보는 눈을 넓힐 수 있도록 돕는 교육 활동이다.

〈개똥이네 놀이터〉 편집회의

우리 반 학생들은 달마다 나오는 어린이 잡지 〈개똥이네 놀이터〉(보리)의 숨어 있는 편집위원이다. 그달에 나온 잡지를 보고 앞으로 더 나아지는 데 도움이 되는 말을 해 주는 일이다. 아이들 눈으로 잡지 평가를 하는 거다. 학생들이 검토한 내용을 〈개똥이네 놀이터〉 편집진에 들려주는 몫은 담임이 하고 있다.

학생들이 잡지 회의를 꾸준히 하다 보니 생각이 넓고 깊어진다. 아주 작은 부분까지 짚어 내는 모습을 볼 수 있다. 이 활동과 연계해서 우리 마을 신문 만들기를 해 봐도 좋다. 우리 마을 신문을 만들면, 늘 다니던 마을 곳곳에 관심을 갖고 보게 된다.

나눔 실천하기

나눔을 실천하는 활동으로, 학생들과 같이 평화 단체인 '어린이어깨동무'를 후원한 적이 있다. 어느 해인가 북한에 큰 물난리가 났을 때 어린이어깨동무에서 북한을 돕는 행사를 하고 있었다. 학생들과 같이 참여해도 좋겠다는 생각이 들었다. 학생들과 이 주제를 두고 토론을 했는데, 찬성도 있고 반대도 나왔다. 그래서 원하는 사람만 참여하기로 정했다.

북한 돕기 모금 운동을 반에서 일주일 정도 진행하고, 학생들이 제안한 바자회도 교실에서 했다. 그렇게 모은 돈을 어린이어깨동무에 전달했다. 학생들은 임진각에서 북한에 쌀 전달하는 행사를 할 때도 함께 참여했다.

바깥 단체 연계 활동

환경 단체에서 온 공문을 보고 신청해서 학생들과 현장학습을 간 적이 있다. 그때는 단체에서 버스를 보내 줘서 편하게 움직일 수 있었다. 이처럼 학교에 오는 공문들을 잘 살피면 여러 단체에서 지원하는 체험 활동을 많이 찾아낼 수 있다.

뉴스로 세상 만나기

뉴스는 세상 이야기를 담고 있다. 늘 새로운 뉴스가 가득하다. 같은 이야기지만 다르게 전달하는 경우도 많다. 그래서 뉴스는 토론 주제로 삼기에 좋다.

누구나 당연하다고 여길 수 있는 뉴스지만, 토론하며 따져 본다. 우리 지역, 우리 나라에서 일어나는 문제들은 토의하면서 스스로 해결 방법을 찾을 수도 있다. 5, 6학년 정도 되면 세상을 보는 눈을 넓히기 위해 주마다 뉴스 한 편씩 찾게 하는 과제를 내주면 좋다.

자연체험

자연체험은 아이들이 밖으로 나가서 자연과 함께할 수 있는 시간을 만들어 주는 교육 활동이다.

자연체험을 하다 보면, 학생들이 보여 주는 변화가 참 크다. 공부나 연예인 이야기만 하던 아이들이 저마다 자기 눈에 들어온 자연 이야기를 마구 쏟아낸다.

'노을이 하늘을 덮었다.' '비가 주룩주룩 오다가 톡톡 왔다.' '지렁이가 박자에 맞춰 꿈틀거렸다.' '빗소리에 맞춰 산골 소년의 사랑 이야기를 불렀다.' 자연을 표현하는 이야기는 저마다 다르다. 맑고 살아 있는 이야기들이 아이들 입에서 저절로 튀어나온다. 그럴 땐 곧바로 글똥누기를 쓰도록 이끈다.

아이들 모습을 보면서 '이때 이런 활동을 할 수 있겠구나.' 하고 선생님부터 배운다. 학생들은 자연과 함께하는 모습으로 선생님에게도 배움을 주고 있다.

1. 봄

아이들을 맞이하는 3월이 지나고, 봄 햇살에 땅이 녹는다. 그 땅 위에 파릇파릇 풀이 올라온다. 나뭇가지에는 연둣빛 물이 들고 여기저기서 꽃들이 피어오른다. 이런 봄 모습을 아이들과 함께 나눈다.

봄에 잠깐이라도 아이들과 밖에 나가려고 하는 까닭은 햇볕을 쬐기 위해서다. 겨우내 움츠렸던 몸이 따뜻한 햇살을 맞으며 걷기만 해도 기운을 얻는다.

나무와 꽃과 함께

학생들에게 산수유나무를 가장 먼저 보여 준다. 학교 안에도 밖에도 산수유나무가 많다. 나무를 보면서, "이 나무에서는 꽃이 먼저 필까, 잎이 먼저 나올까?" 물으면 아이들은 눈치를 채고 꽃이 먼저 나온다고 이야기를 한다. 또 무슨 색 꽃이 필지 생각해 보라고 하면서 나무에 관심을 갖도록 분위기를 만든다.

학생들은 진달래를 먹을 수 있다고 생각하지 못한다. 그저 눈으로 구경하는 꽃으로 여길 뿐이다. 그런 아이들과 같이 진달래를 따서 먹어 본다. 처음에는 거부감이 있다가도 아이들은 호기심이 생기는지 조심스럽게 입에 넣는다. 그런 뒤에 진달래를 보면서 그림을 그리고, 글도 쓴다.

산수유나무나 진달래는 잎보다 꽃이 먼저 핀다. 개나리도 그렇다. 개나리를 보면 학생들이 참 신기해한다. 꽃이 필 때는 가지가 휘지 않는데, 꽃이 지고 이파리들이 나오면서 가지들이 축 늘어지기 때문이다.

목련도 꽃이 먼저 하얗게 핀다. 이런 나무들은 아파트 둘레나 학교 안에도 많이 있다. 꽃이 활짝 핀 나무 아래에서 다 같이 사진을 찍기도 한다. 사진은 부모님들께 손전화로 보내거나 학급 누리집에 올린다.

5월이면 아까시가 흐드러지게 올라온다. 꽃을 먹어 보면 달아서 아이들도 잘 먹는다. 아까시 잎 줄기로 머리카락을 둘둘 마는 '아까시 파마'도 같이 한다. 방법을 가르쳐 주면 다들 그 재미에 쑥 빠져든다. 장미과 나무인 찔레꽃도 이때 피는데 찔레 순을 꺾어서 아이들과 먹기도 한다.

봄 들판에는 토끼풀이 잔뜩 나 있다. 네 잎이 달린 토끼풀의 꽃말은 '행복'이고, 토끼풀(네잎 클로버)은 행운을 상징한다. 하얗게 핀 토끼풀 꽃으로는 반지나 팔찌를 만든다. 머리에 쓰는 왕관을 만들 수도 있는데 시간을 오래 잡아야 한다.

봄나물과 함께

쑥이 지천인 철이다. 쑥을 한꺼번에 많이 뜯어서 학생들과 같이 다듬고 쑥떡도 해 먹는다. 직접 뜯은 쑥으로 만들었기 때문에 음식에 관심도 많고, 맛있게 먹는다.

냉이, 씀바귀, 민들레, 꽃다지 같은 봄나물도 여기저기 많이 올라와 있다. 학생들과 봄나물을 캐서 이름 알아맞히는 놀이를 해도 재밌다. 냉이 주먹밥도 만들어 본다. 아이들은 냉이 나물이나 된장국에 들어 있는 냉이를 잘 먹지 않는다. 그런데 냉이를 함께 캐서 주먹밥을 만들면 잘 먹는다.

봄나물로 도감, 액자, 엽서도 만들 수 있다. 먼저 봄나물 잎을 잘 펴서 책갈피 사이에 끼우고 두꺼운 책으로 눌러 놓는다. 2~3일에 한 번씩 다른 책에 옮겨 끼워서 말리면 더 곱게 마른다. 2주가량 말린 봄나물을 종이에 붙여 엽서를 만든다. 엽서에 봄나물을 구한 곳, 때, 맛, 느낌을 적고 여러 장 묶어 놓으면 봄나물 도감도 된다. 액자로 멋지게 꾸밀 수도 있다. 봄나물 뒤쪽에 스프레이 풀을 뿌려서 두꺼운 종이에 붙이면 된다. 딱풀을 쓸 때는 먼저 종이에다 나물 모양대로 풀을 바르고 그 위에 실제 나물을 붙인다.

"선생님, 오는 길에 꽃이 폈어요.""어디에서 보았는데?""우리 집 아파트 앞에서요.""아, 그래. 무슨 꽃인 줄 아니?""꽃 이름은 모르는데 하얗게 폈어요.""그래. 꽃 이름을 모를 수 있지. 그 꽃 사진으로 찍어 보내 줄래?"

자기가 본 꽃을 사진으로 보내 주는 학생도 있다. 가끔은 하늘에 흘러가는 구름을 찍어서 보내기도 한다. 풀 이름, 나무 이름을 잘 몰라도 나가서 보고 만지는 것만으로도 아이들에게는 자연과 가까워지는 소중한 기회가 된다.

곤충 살피기

봄이 되면 곤충들도 하나둘 제 모습을 드러낸다. 개미, 거미를 비롯한 온갖 곤충들이 흙 밖으로 나와 움직인다. 한번은 1학년 학생들과 나들이를 갔는데 한 아이가 이런 말을 했다. "선생님, 저 목마 태우고 있어요." 살펴보니 개미를 자기 목 위에 태우고 있었다. 또 다른 학생 둘은 무릎을 땅에 대고 기어 다니고 있다. 뭐 하느냐고 물어보니 개미를 따라다니고 있단다.

아이들은 개미 같은 곤충들을 생각없이 밟아 죽이는 때가 더러 있다. 자연과 함께 어울려 놀 때, 작은 곤충들도 아끼고 소중히 여기는 마음이 저절로 생기기 마련이다.

2. 여름

햇살이 쨍쨍 내리쬔다. 아스팔트 열기는 참기 힘들 만큼 뜨겁게 올라온다. 이때 시원하게 소나기가 내린다. 소나기가 내리니 학생들은 밖으로 나갈 생각에 설레기 시작한다.

비 오는 날 하는 놀이

학생들은 비 오는 날을 싫어한다. 밖에 나가 놀 수 없고 좋아하는 체육도 못 하기 때문이다. 하지만 비 오는 날도 교실 안팎에서 할 수 있는 체험 활동이 많다.

바깥에서 놀거리들이 많으면 비가 와도 '오늘은 무엇을 할까?' 설레는 마음으로 학교에 온다. 하루를 여는 마음가짐이 달라진다. 열린 마음으로 하루를 시작하니 공부도 훨씬 더 즐겁다.

비가 떨어지면 아이들과 빗방울을 찾으러 나간다. 우리는 보물찾기라고 한다. 나뭇잎 위에 떨어진 빗방울을 보려고 학교 이곳저곳을 다닌다. 곳곳에 지렁이가 밟혀 있는 모습도 보인다. 아이들은 그 지렁이를 다시 흙으로 보내 준다.

빗소리도 들어 본다. 먼저 교실에서 창밖으로 떨어지는 빗소리를 눈

빗물이 고인 운동장에서 마을 만들기를 하면 저절로 미술 수업이 이루어진다.

감고 듣는다. 그다음 우산을 쓰고 운동장을 한 바퀴 돈다. 우산에 떨어지는 빗소리가 듣기 좋다.

'비가 우두둑우두둑 오다가 토닥토닥 온다. 빗소리가 다 다르다.' 1학년 학생이 빗소리를 듣고 나서 쓴 글이다.

비를 맞는 것도 재밌는 경험이다. 스탠드에 앉아서 팔만 내밀고 손등에 비를 맞거나 얼굴을 바로 하늘에 들이대고 맞아 볼 수도 있다.

비가 올 때 둘레 모습은 비가 오지 않을 때와 많이 다르다. 특히 연못에 가면 볼거리가 많다. 빗방울이 떨어지는 모습도 관찰해 본다. 물에 떨어질 때, 흙에 떨어질 때, 돌멩이에 떨어질 때, 나뭇잎에 떨어질 때, 종이에 떨어질 때 모습이 서로 다르다.

아무것도 하지 않고 그냥 걷기도 한다. 가끔은 맨발로 걷는 것도 색다른 재미가 있다. 선생님부터 신을 벗고 걷기 시작하면 싫다고 하던 학생들도 맨발로 잘 따라온다.

여름에 큰비가 올 때 천둥 번개가 치면 아이들이 그 소리에 많이 놀란다. 그때 '천둥 번개 소리에 겁먹지 않기 놀이'를 한다. 아이들도 놀이할 때만큼은 천둥 번개가 쳐도 놀라지 않고 잘 버텨 낸다.

6학년 남학생들과는 비 오는 날 공을 많이 찬다. 공놀이만큼 아이들과 친해질 수 있는 방법이 없다. 물싸움도 마찬가지다. 물싸움은 집에 가기 바로 전에 해야 한다. 함께 물싸움하고 바로 집에 가서 씻는 것이 우리들 약속이다. 그래야 감기에 걸리지 않는다.

비가 오는 날에 바깥에 나가 미술 수업을 할 때도 있다. 비가 내려 물이 고인 곳에서는 마을 만들기를 해도 재미있다.

더위를 이기는 방법

더운 여름에는 선풍기나 에어컨을 켜고 공부해도 집중이 잘 되지 않는다. 이럴 때는 5교시 마칠 무렵, "잠시 엎드려서 잘까?" 하면서 낮잠 자는 시간을 갖는다. 날마다 할 수는 없고, 정말 더운 여름날 이런 시간을 잠깐 갖는다. 눈 좀 붙이라는 말에 학생들은 정말 좋아한다. 잠시 엎드려 쉬며 힘을 다시 충전한다.

어떤 날은 '부채 아띠'를 한다. 학생 모두가 부채를 하나씩 준비해서 더울 때 부치면서 공부한다. 부채 바람만으로도 학생들이 느끼는 더위가 많이 사라진다. 더위도 잡고 에너지도 줄일 수 있으니 더욱 좋다.

3. 가을

하늘이 높고 파랗다. 파란 하늘 아래 코스모스가 흩날리기도 하고
나뭇잎도 떨어진다. 맑고 좋은 날 학생들과 교실을 잠시 나와서 둘레
에 찾아온 가을을 만나는 시간을 갖는다.

자연 미술

우리 반은 미술 시간에 달마다 한 가지 주제를 잡아서 자연 미술을
한다. 나뭇잎이 쌓이는 늦가을에는 자연 재료가 참 많다. 흙과 풀, 나
뭇가지만 있어도 멋진 작품을 만들 수 있다.

자연 미술 첫 시간에는 자연물로 자기 이름 새기기를 가장 먼저 한다.
준비물은 따로 없다. 흙이나 바닥을 도화지 삼아, 제 빛깔 그대로인 풀
과 나뭇잎으로 만들어 보라고 한다. 처음에는 어리둥절하다가도 금세
짝과 함께 뛰어다니며 재미있게 꾸미고 만든다. 학생들 작품은 즐거운
마음으로 감상할 뿐 점수를 매기거나 아쉬운 점을 따로 말하지 않는다.

두 번째 나갈 때는 교실에서 무엇을 만들지 미리 계획을 세운다. 모
둠별로 주제를 먼저 정해서 그에 어울리는 자연물을 생각하게 한다.
준비를 마치고 나가면 처음보다는 훨씬 더 다양한 재료를 쓴다. 작품
크기도 커지고 주제도 여러 가지다. 전에 와 본 경험이 있으니 생각의
폭이 넓어진 것이다.

가을이 깊어 가면 가득 쌓인 나뭇잎을 모아서 협동 작품을 만든다.
나뭇잎으로 침대도 만들고, 그 안에 들어가 나뭇잎 이불을 덮고 누워
있기도 한다. 또 나뭇잎으로 미끄럼틀을 타고 뒹굴기도 하면서 가을

끝자락에 즐거운 시간을 보낸다.

나뭇잎 말고도 온갖 풀과 열매로 인디언 추장 모자를 만들 수도 있다. 땅에 떨어져 있는 도토리를 주워서 공기놀이도 한다.

자연물로 미술 작품을 만들 때 주의할 점이 있다. 바깥 활동이니 무엇보다 안전이 중요하다. 학교를 벗어날 때는 학생들 모두 교사가 살필 수 있는 범위에 있어야 한다. 또 자연 재료로 만든 작품은 담임이 확인한 뒤에 있던 자리 그대로 자연에 돌려주기로 한다.

자연과 함께 책 읽기

햇살과 바람이 좋은 가을날, 그날 할 공부를 조금 일찍 마치고는 마지막 시간에 책 한 권씩 들고 공원으로 간다. 학교 옆 공원은 도서관이 된다. 여기서도 학생들은 교사가 볼 수 있는 곳에 있어야 한다.

아이들이 책에 푹 빠졌다 싶으면 조심스레 일어나 그 모습을 사진에 담는다. 아이들은 큰 바위에 앉거나, 소나무가지에 걸터앉아서 책을 보기도 한다. 좋은 날씨를 느끼면서 자연과 더불어 책을 보는 것은 교실에서 맛보기 힘든 특별한 시간이다.

바람 따라 구름 따라

가을 하늘이 높고 푸를 때 학생들과 운동장으로 나가 눈을 감고 두 팔을 벌리고 선다. 불어오는 바람을 그대로 맞으면서 바람결 따라 몸을 흔든다. 고개 들어 하늘을 보면, 구름 모습도 제각각이다. 학생들은 구름을 보면서 저마다 다른 표현을 한다. 그때 툭 튀어나오는 말을 글로 쓰거나 자기 눈에 비치는 구름 모습을 그림으로 그리기도 한다.

4. 겨울

매서운 바람이 분다. 추운 날씨지만 아이들은 교실에만 있으려고 하지 않는다. 겨울에도 바깥에서 체험할 거리들이 많기 때문이다.

얼음

길가에 얼음이 많다. 아이들도 그냥 지나치지 않고 미끄럼을 탄다. 미끄럼 탈 때는 넘어질 수 있으니 조심해야 한다. 그래서 겨울이면 학생들에게 장갑 끼라는 말을 강조해서 한다. 미끄러졌을 때 바로 손으로 땅을 짚어야 덜 다칠 수 있기 때문이다.

또 추운 겨울이면 학생들은 보온 주머니를 옷 안에 넣고 온다. 손을 옷에서 빼지 않으니 그러다 얼음에 미끄러지기라도 하면 위험하다. 게다가 보온 주머니는 분리수거도 힘들어서 골칫거리다. 여러 모로 장갑을 끼는 게 가장 좋다. 학생들에게 내복 입기도 강조한다. '내복 아띠'를 해서 따뜻하게 옷을 입도록 이끌기도 한다.

눈

겨울 자연 놀이의 최고 재료는 역시 눈이다. 눈 오는 날에는 눈싸움이 제격이다. 눈싸움을 하러 가기 전에 조심해야 할 점(돌 넣지 않기, 얼굴 때리지 않기, 하지 말라고 말하면 바로 멈추기)을 미리 알려 준다. 나가서도 한 번 더 알린다. 눈싸움을 할 때 선생님도 같이 하는 것이 좋을까? 학생들이 안전하고 즐겁게 놀 수 있도록 지켜보다가 마칠 무렵에 함께 어울리는 게 적절해 보인다.

네모난 통으로 눈집을 만들고 있다. 아이들은 추운 줄도 모르고 몇 시간이고 눈집 만드는 재미에 푹 빠진다.

눈집 만들기

눈이 올 때 우리 반에서 가장 빛깔을 내는 활동은 '이글루'라고 하는 눈집 만들기다. 눈이 오기 전부터 미리 학생들에게 네모난 통을 준비해 두라고 이야기한다. 가게에서 파는 고추장 통이 눈을 담기에 좋다.

눈이 많이 오는 날, 아이들은 네모난 통을 학교에 가지고 온다. 이 통에 눈을 차근차근 집어넣은 다음 뒤집어서 툭 치면 네모난 눈이 쏙 빠진다. 이것을 차근차근 쌓아서 집 모양을 만든다. 생각보다 잘 되지 않고 시간도 오래 걸린다. 그래도 아이들은 추운 줄도 모르고 몇 시간이고 그렇게 눈집을 만든다.

눈 맛보기

눈이 내리면 학생들과 교실을 나가서 떨어지는 눈을 손으로 잡아 본다. 손바닥 위에 눈을 맞으면서 그 모습을 살핀다. 그다음 하늘에서 떨어지는 눈을 가까이서 보면 눈송이가 무척 크다는 느낌이 든다. 입을 크게 벌리고 떨어지는 눈을 받아먹기도 한다.

눈 오는 날을 비롯하여 바깥에서 자연 놀이를 할 때 가장 신경 쓰는 것은 학생들의 안전이다. 사고 없이 잘 놀아야 모든 활동이 가치가 있다. 아이들이 자연 속에서 안전하게 놀면서 느끼는 즐거움이 교실에도 그대로 이어지리라고 생각한다. 행복한 교실은 자연과 더불어 만들어 갈 수 있다.

 정보 나누기

네 잎 클로버와 행운

네 잎 클로버가 행운을 뜻하게 된 것은 나폴레옹의 일화에서 유래됐다. 나폴레옹이 전쟁에 나갔을 때 네 잎 클로버를 발견했는데 그것을 보려고 몸을 숙이는 찰나, 적군이 쏜 총알이 빗겨 가서 목숨을 건질 수 있었다. 그 뒤로 네 잎 클로버는 죽음을 비켜갈 만큼 행운을 가져다준다는 의미로 널리 알려지게 되었다.

콩나물 기르기

겨울에 실내에서 할 수 있는 활동으로 콩나물 기르기가 있다. 콩나물 시루 대신 과학실에서 구멍 뚫린 통을 빌려 아이들과 함께 길렀다. 물을 계속 갈아야 해서 조금 불편하기는 했지만 생각보다 잘 자랐다. 콩나물을 뽑아 먹지 않은 채로 계속 키웠더니 나중에는 꽃이 피었다. 많은 식물들이 숨죽이는 추운 겨울, 학생들과 콩나물 한살이를 관찰해 보는 것도 좋은 경험이 된다.

학부모와
함께하는 학급운영

6장

학부모와 함께하기

1. 학부모 총회

흔히 교사, 학생, 학부모를 교육의 삼 주체라고 이야기한다. 학부모와 함께하는 것이 때로는 부담스럽긴 하지만 아이들 교육에 함께하는 길동무이기에 서로 마음을 잘 모아야 한다. 학부모와 만날 때 주의할 점은 가깝게 지내되 적당한 거리는 유지해야 한다는 것이다. 특히 선생님 나이가 학부모보다 어리다면 더 그렇다. 학부모와 담임이라는 선을 서로 존중하면서 만남을 잘 이어 가야 한다.

우리 반 안내

학부모 총회는 보통 3월에 열린다. 담임으로서 학부모들을 처음 만나는 자리다. 3월 초 학부모님께 보낸 편지글에 우리 반 안내를 했지만, 직접 소개할 필요가 있다. 학생 수는 얼마나 되고, 올해 학급살이에서 어떤 점을 중심에 둘지 이야기한다. 이 시간은 5분 정도면 적당하다.

학부모가 교실에 들어오면 자기 아이 자리를 먼저 찾는다. 쉽게 찾을 수 있도록 책상 위에 학생 이름을 써 둔다. 아이가 부모님께 쓴 편지를 놓아 둘 때도 있다. 우리 반은 글똥누기 수첩이 책상 위에 놓여 있으니 수첩에 써 있는 이름을 보고 찾기도 한다. 학부모 총회를 하기 전에 학생들에게 책상 속을 한 번 더 정리하도록 부탁한다.

이야기 나누기

우리 반 소개를 마치면 책상에 둘러앉아 이야기를 나눈다. 총회를 앞두고 총회 자리에서 이야기할 것들을 미리 알려 드린다. 크게 세 가지다. 첫 번째는 자기소개, 다음으로 자기 아이 소개, 마지막으로는 궁금한 점이나 부탁할 것들이다. 학부모 자기소개가 끝나면 아이 소개하는 시간을 갖는다. 그때 아이에 대한 자랑도 하고 집에서 어떤 모습으로 지내는지 자세히 알려 달라고 말씀 드린다. 교실에서 보지 못했던 학생들 모습을 알게 되는 시간이다.

어느 해에 정말 많이 까부는 남자아이가 있었다. 그런데 아이 어머니 말씀을 듣고는 깜짝 놀랐다. 그 남학생은 길을 가다가 또는 지하철에서 힘들어하는 분을 보면 그냥 지나치지 못한다고 한다. 부모님에게 졸라서라도 조그마한 사랑을 나누려는 친구라고 했다. 다음 날부터 그 아이를 볼 때면 어머니 말씀이 자꾸 생각났다. 까부는 것은 여전했지만 동무에게 연필 같은 것을 빌려주는 모습들이 하나둘 보이기 시작했다. 이처럼 총회에서 부모님께 듣는 이야기는 학생 한 명 한 명을 자세히 들여다보는 데 큰 도움이 된다.

학부모 총회는 열린 자리인 만큼 밝힐 수 없는 이야기도 있다. 말로 할 수 없는 내용은 글로 쓸 수 있도록 종이를 마련하는 것이 좋다. 총회 때 말하지 못한 내용이 있으면 문자나 전화를 달라고 말씀 드린다. 종이나 문자, 전화로 의견을 주는 학부모 이야기는 꼭 새겨들을 필요가 있다.

우리 반 학급살이나 교육에 대해 학부모들이 궁금한 것을 물으면 정성껏 설명한다. 그 내용은 다시 편지로 써서 학생들 집으로 보낸다. 총회에 오지 못한 부모님들도 내용을 알 수 있도록 하기 위해서다.

학교 임원 정하기

학부모 총회에서는 학교 임원을 정하는데 늘 쉽지가 않다. 아직도 학급 회장 어머니가 학부모 회장을 하는 것을 당연하게 여기는 분위기다. 봉사할 여건이 되는 분이 해 달라고 솔직하게 부탁을 드린다. 총회에서 정하지 못할 때면 빈자리로 뒀다가 전체 부모님들께 문자 메시지를 드려서 다시 부탁한다. 그때는 한 분, 두 분 발 벗고 나서서 도와주시곤 한다.

2. 학부모 만남

학부모 총회가 아니더라도 학부모들과 계속 만남을 가져야 한다. 만일 저학년을 맡고 있다면 한 달에 한 번씩은 학부모 모임을 갖길 권한다.

예전에 1학년 학생들과 지낼 때 달에 한 번은 학부모를 만났다. 만나는 자리에선 먼저 선생님이 사는 이야기를 들려 드린다. 그리고 학부모님께 아이가 지난 한 달 동안 집에서 어떤 이야기들을 했는지 듣는다. 이때 도움말을 주기도 한다. 생각이 잘 맞으면 함께 읽을 만한 책 하나를 정해서 미리 읽고 만나기도 한다. 그러면 모임에서 책 이야기를 자연스럽게 나눌 수 있다.

수업 보조 교사

야외 수업을 할 때, 특히 저학년 아이들과 같이 바깥 나들이를 갈 때 수업 보조 교사로 학부모가 한 분이라도 계시면 큰 도움이 된다. 학부모들 가운데 전문가들도 많다. 한 예로, 미술을 공부한 어머님이 미술 수업을 한 학기에 여러 번 하기도 했다. 꼭 수업이 아니더라도 추석에 송편을 만들어 먹거나 할 때 부모님들이 도와주시면 큰 힘이 된다. 요즘은 현장 체험학습을 갈 때 학부모들이 보조 인솔자로 같이 가게 되어 있어서 큰 도움이 되고 있다.

학부모와 함께했던 일 가운데 가장 기억에 남는 것이 학급 문집을 만들 때다. 1학년을 가르칠 때 두 달에 한 번꼴로 문집을 냈는데 그때마다 학부모들이 함께해 줬다. 학생들 일기를 타자로 쳐 주고, 손글씨를 하나하나 복사해서 자르고 풀칠하는 일까지 맡아서 해 주셨다. 학부모들이 문집 편집을 같이했기 때문에 한 해에 문집 여섯 권 만드는 일을 해낼 수 있었다.

에스엔에스를 통한 소통

학부모들과 자주 만날 수 없을 땐 에스엔에스를 활용해서 문자도 드리고 학생 사진도 보낸다. 특히 현장학습이나 수학여행 때는 학생들 모습을 사진으로 계속 보낸다. 단체 에스엔에스는 학급 일로만 쓰고 있다.

부모님과 손전화 문자로 재미있게 소통할 수 있는 방법을 하나 소개한다. 부모님들께 수업 중에 문자 칭찬을 보내는 것이다. 어느 날 두 학생이 유난히 수업을 열심히 듣기에 그 아이들 어머니께, "○○가 수업 시간에 열심히 들어요." 하고 칭찬하는 문자를 보냈다. 고맙다는 답장이 바로 왔다.

그래서 다른 학생들에게, "앞으로 10분만 공부에 집중하면 모두에게 칭찬을 해 줄게." 하고 말했다. 10분 뒤에 진짜로 모든 부모님께 칭찬 문자를 보냈다. 다른 때 문자를 보내면 답장을 보내 주는 분이 많지 않은데 이럴 때는 거의 보내온다. 그러면 부모님들 답장을 아이들에게 읽어 주기도 한다.

공개수업

학부모 공개수업이 있을 때 많은 분들이 오신다. 자기 아이가 어떻게 공부하는지 모두가 궁금해한다. 이런 부모 마음을 헤아려 수업 주제를 잡는 게 좋다. 토론이나 토의 수업은 여러 학생들이 참여하는 활동이라서 학부모들이 좋아한다.

학부모와 학생이 함께하는 활동으로 자기 부모님을 그림으로 그리고 소개하는 글을 써서 발표하는 시간도 좋다. 우리 반에서 꾸준하게 하는 활동을 넣는 것도 필요하다. 무엇보다 중요한 것은 학생들과 선생님이 행복 가득한 모습을 보여 주는 것이다.

학부모 상담

학부모와 상담할 때는 학생 책상에 마주 앉아서 한다. 학기 초에는 주로 학부모 이야기를 듣고, 시간이 좀 지나면 선생님이 이야기를 많이 하게 된다. 되도록 아이가 잘하는 것을 더 많이 들려주려고 한다.

학생에 대한 아쉬움이나 바라는 점을 전할 때는 집에서도 어떻게 해야 좋은지 정확하게 도움말을 줄 필요가 있다. 학부모들은 자기 아이의 행동에 대해 어느 정도는 알고 있다. 단지 문제 행동만 말해 줘서는 학부모가 어떻게 해야 할지 감을 잡기 어렵다. 집에서는 어떤 노력을 해야 하고, 학교에서도 어떤 지도를 할지 같이 이야기해야 상담 효과가 있고 학부모 또한 담임을 믿을 수 있다.

녹색 어머니회 활동

녹색 어머니회나 급식 검수 위원회처럼 학교 일을 맡아서 도와주는 어머니들이 있다. 그 가운데 녹색 어머니회 활동하는 분들은 학생들과 같이 찾아가서 음료수를 드린다. 특히 추운 겨울에는 따뜻한 마실거리를 가져다 드리려고 한다.

학부모와 지내다 보면 가끔 고집을 내세우는 분도 있다. 그럴 때는 교육 전문가로서 선생님이 단호할 필요가 있다. 학부모 이야기를 끝까지 들어준 뒤에 생각하는 바를 정확하게 이야기해야 한다. 이럴 때 문자보다는 전화가 낫고, 전화보다는 직접 만나서 서로 생각이 다른 부분을 깊이 있게 나누는 것이 좋다.

3. 아버지 모임

요즘은 학교에 아버지 모임이 많이 늘어나는 추세다. 참사랑땀 반도 여러 해 전부터 아버지 모임을 꾸리고 있다. 아버지 모임은 어머니 모임과 또 다른 여러 특징들이 있다.

첫 만남

아버지들은 주로 직장 일이 끝나는 저녁때 만난다. 모임에 나온 아버지들께 간단한 질문부터 한다. 아이가 몇 반이고, 번호는 몇 번인지 같은 것들이다. 그런데 이 정도는 미리 알고 오신다. 맞힌 분들께는 작은 선물로 아이가 쓴 시나 글을 그 자리에서 준다.

아버지들은 첫 만남 자리에서 바로 회장, 총무를 정한다. 그 뒤로는 서로 연락을 하면서 자주 만난다. 낯선 곳에 살림터를 잡아서 아는 사람도 없었는데 마을에 형, 동생이 생겨서 좋다고 한다. 아버지 모임을 하면 거의가 같은 마을에 사니까 서로 쉽게 만날 수 있어서 금방 친해진다.

학급 행사 참여

처음에는 아버지들이 모임에서 무엇을 해야 할지 잘 모른다. 아이들을 위해서 할 수 있는 일들을 조금씩 알려 드린다. 캠프를 열거나 학예회 준비도 같이 할 수 있다. 학예회 때 아버지들 노래를 불러달라고 해도 좋다.

아버지 모임은 학교 활동에 큰 보탬이 된다. 학교 운동회 준비와 정리를 하거나 놀이마당을 꾸릴 때 한 마당씩 역할을 맡을 수도 있다. 무엇보다 주말이나 방학에 학생들과 함께하는 활동을 아버지 모임을 통해 다양하게 꾸릴 수 있다.

아버지 모임 주최로 체육대회를 열기도 한다. 어느 해에는 아버지 모임에서 일요일에 130명 정도가 참석한 큰 행사를 치르기도 했다. 아버지들끼리 아이들 선물과 먹을거리도 직접 준비했다. 덕분에 어머니들도 아이들도 마음껏 행사를 즐길 수 있었다. 이분들과는 1박 2일 날을 잡아 바닷가로 나들이를 가기도 했다.

초등학생 아버지 모임으로 인연을 맺은 분들은 아이가 중학생, 고등학생 그리고 대학생이 되어도 모임을 이어 간다. 그 자리에 가끔 초대를 받아서 오랜만에 옛 제자들 학부모와 만나는 시간도 갖는다. 나 또한 아버지이다 보니 아버지 모임에서 만난 분들이 살아가는 모습에서 배우는 점도 많다. 아버지 모임은 아이와 함께하는 시간이 적은 아버지들끼리 서로 배우면서 삶을 나누는 소중한 몫을 하고 있다.

사랑 나누기

1. 어린이날

어린이날에는 단기 방학을 하거나 체육대회를 열어 어린이날을 축하한다. 일정이 많기 때문에 아이들에게 마음을 담아 건넬 수 있는 작은 선물을 놓치기 쉽다. 꼼꼼하게 챙기려니 힘들기는 하지만 학생들을 위해 무언가를 해 줄 수 있을 때 선생으로서 훨씬 더 행복하다.

우리 반 어린이헌장

우리 반에서는 학생들과 같이 '우리 반 어린이헌장'을 만든다. 그에 앞서 '대한민국 어린이헌장'을 아이들과 하나하나 읽으면서, 우리 반 어린이헌장을 어떻게 만들면 좋을지 이야기를 나눈다.

대한민국 어린이헌장은 두 번에 걸쳐 만들어졌다. 첫 번째 어린이헌장은 1957년에 만들었다. 1957년 5월 5일에 '대한민국 어린이헌장'을 발표하면서, 1923년 5월 1일에 시작한 어린이날 행사가 국가 공식 행사로 되었다. 그 뒤로 1975년부터 '어린이날'이 법정 공휴일로 지정됐다. '대한민국 어린이헌장'은 1988년에 한 번 개정되었다. 여기에는 첫 번째 헌장을 싣는다.

● **대한민국 어린이헌장**(1957년)

어린이는 나라와 겨레의 앞날을 이어 나갈 새 사람이므로 그들의 몸과 마음을 귀히 여겨 옳고 아름답고 씩씩하게 자라도록 힘써야 한다.

1. 어린이는 인간으로서 존중하여야 하며 사회의 한 사람으로서 올바르게 키워야 한다.

2. 어린이는 튼튼하게 낳아 가정과 사회에서 참된 애정으로 교육하여야 한다.

3. 어린이에게는 마음껏 놀고 공부할 수 있는 시설과 환경을 마련해 주어야 한다.

4. 어린이는 공부나 일이 몸과 마음에 짐이 되지 않아야 한다.

5. 어린이는 위험한 때에 맨 먼저 구출하여야 한다.

6. 어린이는 어떠한 경우에라도 악용의 대상이 되어서는 안 된다.

7. 굶주린 어린이는 먹여야 한다. 병든 어린이는 치료해 주어야 하고 신체와 정신에 결함이 있는 어린이는 도와주어야 한다. 불량아는 교화하여야 하고 고아와 부랑아는 구호하여야 한다.

8. 어린이는 자연과 예술을 사랑하고 과학을 탐구하여 도의를 존중하도록 이끌어야 한다.

9. 어린이는 좋은 국민으로서 인류의 자유와 평화와 문화 발전에 공헌할 수 있도록 키워야 한다.

어린이날맞이 선물

5월 5일은 어린이를 위한 날이다. 학생들을 위해 무엇을 해 줄까 고민을 많이 한다. 한번은 교실에서 보물찾기를 했다. 번호가 적힌 종이를 교실 구석구석에 숨기면 아이들이 찾는다. 많이 찾은 학생은 하나만 갖고 나머지는 나누도록 했다. 맨날 딱딱한 책상과 의자에서 공부만 하다가 그 공간이 다 놀이터가 되었으니 아이들은 정말 신이 났다. 번호마다 선물이 달라서 자기가 찾은 번호에 무슨 선물이 나올지 조마조마하게 기다리며 즐거운 하루를 보냈다. 다른 때에는 학생들 모두에게 편지를 써서 주기도 했다. 또 학생 사진을 넣은 책갈피를 주거나 흰옷에 글자를 새겨 선물하기도 했다.

사진 찍기

요즘 우리 반 어린이날 선물은 사진으로 하고 있다. 학생들과 함께 학교 안에 꽃이 예쁘게 올라온 곳이나 사진 찍기 괜찮은 곳으로 간다. 아이들이 원하는 한 자리를 정해서, 한 명씩 돌아가면서 선생님이랑 단둘이 사진을 찍는다. 학교 안에 마땅한 곳이 없다면 가까운 공원에 가도 좋다. 담임은 모든 아이들 사진에 나와야 하니 사진 찍는 일은 학생 몫이다. 서로들 하려고 해서 교실에서 뽑기로 정할 때가 많다.

학생들이 모두 돌아간 교실에서 아이들과 찍은 사진을 보면 웃음이 절로 난다. 어색한 표정이 많고, 선생님보다도 더 활짝 웃는 얼굴도 있다. 찍은 사진은 뽑아서 아이들에게 선물로도 주고, 에스엔에스나 문자 메시지로 부모님들께도 보낸다. 어떤 어머니는 '자기 아버지하고 찍을 때보다 더 좋아하네.' 하며 질투 섞인 답장을 보내 주기도 한다.

우리 반 잔치

어린이날과 연결해서 학급 잔치를 한다. 음식을 만들어 먹거나 학생들이 가져오게 한다. 음식이 없어도 상관없다. 학생들과 두 시간 정도 노래와 놀이 그리고 장기자랑으로 시간을 보낸다. 이 잔치를 마니또와 연결해서 서로에게 선물을 주면 더 좋다.

발 씻겨 주기

스승의 날에 선생님들이 학생들에게 많이 해 주는 활동이다. 어린이 날맞이 행사로도 잘 어울린다. 선생님이 학생 한 명 한 명 씻겨 주거나 학생들끼리 서로 씻겨 주도록 한다. 물로 하는 활동이라 걱정스럽다면 바깥에서 하면 된다. 발 대신 얼굴 씻겨 주기를 해도 좋다.

2. 어버이날

어버이날이 다가올 때쯤 학생들에게 《돼지 책》(앤서니 브라운 지음, 허은미 옮김, 웅진주니어)을 먼저 읽어 준다. 식구와 가정의 의미를 되새겨 볼 수 있는 책이다.

어버이날이 든 주에는 학생들과 '우리 어머니(이원수 시, 백창우 곡)' 노래를 부른다. 또 트로트 가요인 '아빠의 청춘(반야월 작사, 손목인 작곡)'도 들려준다. 아이들은 신나는 가락 때문인지 '아빠의 청춘'을 더 좋아한다. 어버이날과 어울리는 시도 한 편씩 읽어 준다.

할머니, 할아버지께 편지 쓰기 시간도 갖는다. 다 쓴 편지는 우편으로 보낸다. '날달걀 품고 하루 지내기' 수업도 어버이날을 맞아 해 볼만하다. 하루 동안 날달걀을 소중히 다루면서 부모님 마음을 헤아려 보는 경험을 할 수 있다.

효도 책 만들기

어버이날은 그 전날이 바쁘다. 효도 책을 만들기 때문이다. 크고 두꺼운 책은 아니다. 에이포 종이보다 작은 색상지를 한 장씩 나눠 주고 병풍 접기로 네 면이 나오도록 접는다. 네 면마다 부모님을 생각하는 마음을 담아 꾸미는 것이 효도 책이다. 보통은 편지, 부모님께 드리는 상, 손으로 그린 카네이션, 부모님께 드리는 다짐, 부모님께 바라는 것들이 담긴다. 학생들이 원하는 내용으로 자유롭게 만든다.

표지는 일반 책 표지를 따라 비슷하게 만든다. 맨 앞쪽에 '이 세상에 하나 밖에 없는 책' 같은 제목을 쓰고, 그 밑에 글쓴이로 자기 이름을 쓴다. 출판사는 참사랑땀 출판사다. 학생들이 만든 것을 보며 감동할 때가 많다. 그만큼 정성이 가득 느껴지기 때문이다.

다 만든 효도 책을 가져오면, 효도 쿠폰을 준다. 모두 아홉 장으로 심부름, 안마, 신발 닦기 같은 내용이 써 있다. 부모님이 아무 때나 쓸 수 있는 쿠폰이다. 효도 쿠폰을 효도 책 뒷면에 붙이면 그 밑에 사용법을 쓴다. 언제까지 써야 하는지를 꼭 쓰는데 5월이 끝나면 더 이상 쓸 수 없다는 내용이 많다. 나중에 부모님께 효도 쿠폰을 썼다는 사인을 받아서 다시 선생님에게 내야 한다. 부모님 사인을 가져오면 다른 학생들에게 내용을 소개하며 칭찬해 준다.

선생님이 학부모님께 드리는 선물도 있다. 커피와 녹차다. "내일 아

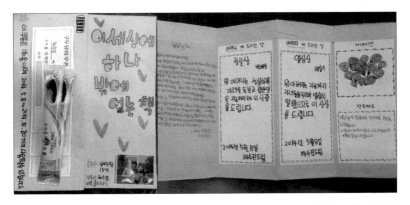

이 세상에 하나밖에 없는 효도 책. 편지, 부모님께 드리는 상장, 카네이션까지 그 안에 담는 내용이 저마다 다르고 정성도 가득하다.

침에 지금 주는 커피나 녹차를 부모님에게 타 드리면 좋겠어요.” 하는 말과 함께 효도 책에 붙여 준다. 할머니랑 같이 사는 학생에게는 더 챙겨 준다. 효도 책을 만들 땐 학생들 가정환경을 여러 모로 신경 써야 한다. 한부모 가정도 있고, 할머니 할아버지와 사는 아이도 있으며, 요즘은 다문화 가정도 많아졌기 때문이다.

부모님과 함께하는 숙제

5월 한 달은 부모님과 함께하는 숙제를 계속 내준다.

• 어린 시절 : 부모님 어린 시절 이야기를 듣고 글로 써 온다. 부모님들이 어려워할 수도 있어서 ‘초등학생 때 자랑거리나 실수한 일’처럼 이야깃거리를 정해 주면 훨씬 더 재미있는 이야기가 나온다.

• 움직임 살피기 : 주말에 부모님이 하는 모습을 유심히 살핀다. 특히 어머니들은 한시도 가만히 있지 않는다. 음식에 청소에 빨래까지 참 바쁘다. 이런 모습을 지켜보는 것만으로도 학생들은 느끼는 게 많

다. 그렇게 지켜본 모습을 바탕으로 '부모님 일 돕기'를 과제로 낸다.

• 일터 가 보기 : 쉬는 날에 부모님 일터에 가 본다. 생각보다 부모님 일터에 다녀온 학생이 적다. 이때 부모님이 일터에서 일하는 모습도 함께 살피도록 한다.

• 그 밖에 숙제 : 손발 모양 그리기, 안마해 드리기, 노래 불러 드리기, 꼭 껴안기, 무조건 '예.' 하고 말하기, 세 번 웃겨 드리기 같은 것도 숙제로 내준다.

3. 스승의 날

스승의 날을 앞두고 학부모님께 드리는 편지를 쓴다. 스승의 날에는 선물을 받지 않는다는 이야기, 또 부모님들을 가르쳐 주신 옛 스승을 아이들과 같이 찾아가서 뵈면 좋겠다는 이야기를 담는다.

선물이나 꽃 같은 것을 가져오지 말라고 해도 학생들은 스승의 날에 직접 쓴 편지를 가져온다. 색종이로 예쁘게 꽃을 접어서 들고 오기도 한다. 아이들의 사랑으로 여기고 고마운 마음으로 받는다.

전담 선생님께 드리는 편지

스승의 날과 가까운 미술 시간에 편지 쓰고 꾸미기를 한다. 두 시간 동안 두 가지로 한다. 첫 시간은 지난해 또는 그전에 만났던 스승에게 편지 쓰는 시간이다. 학생마다 자유롭게 하면 된다.

두 번째 시간은 모둠끼리 학교 전담 선생님께 편지 쓰는 시간이다.

먼저 전담 선생님들이 빠짐없이 받을 수 있도록 모둠별로 담당 선생님을 정한다. 그다음 모둠마다 도화지를 한 장씩 주면 고마운 마음을 담아서 정성껏 꾸민다. 편지를 쓰거나 선생님 모습을 재미있게 그린다. 노래를 만들거나 삼행시를 쓰기도 한다. 스승의 날 아침이 되면 모둠원들이 함께 찾아가 전담 선생님께 편지를 전해 드린다.

사랑의 씨앗

스승의 날인 만큼 이날 하루는 조금이라도 더 좋은 모습을 보이려고 애쓴다. 수업 마칠 시간이 되면 학생들에게 편지가 담긴 작은 봉투를 나눠 준다. 봉숭아 씨앗도 다섯 알 정도 들어 있다. 잘 키워서 여름방학 때 손톱에 곱게 물들이면 좋겠다는 말을 써 놓는다. 선생님이 학생들을 가르치는 마음이 봉숭아 씨앗을 키우는 정성과 비슷하다는 말을 보태기도 한다. 봉숭아 씨앗은 십 년 가까이 스승의 날이면 아이들에게 꼭 주는 선물이다.

봉숭아 씨앗을 몇이나 키울까 싶지만 생각보다 많이 기르고 있어서 늘 놀랍고 고마운 마음이다. 어떤 학생은 봉숭아 씨앗을 받은 날 바로 심었는데 며칠 지나서 싹이 두 개 나왔다며 사진을 보내왔다. 나중에는 꽃이 핀 사진도 보내 줬다. 봉숭아 씨앗 다섯 알을 주고서 아이들에게 더 큰 사랑으로 되돌려 받는다.

담임 평가와 칭찬 받기

스승의 날 즈음해서 학부모와 학생들에게 담임 평가를 받는다. 교과지도에 대해 바라는 점 몇 가지 받는 정도다. 그러면서 아이들과 지내는 학급살이를 다시금 돌아보는 시간을 갖는다.

학생들에게 칭찬을 잔뜩 받는 시간도 가져 본다. 칭찬이불의 주인공이 되는 거다. 학생들이 선생님을 가운데 두고 책상을 빙 둘러 앉는다. 원하는 학생부터 칭찬한다. 선생님은 눈을 감아도 좋고, 말하는 학생을 바라봐도 좋다. 학생들이 해 주는 칭찬이 쑥스러울 수 있다. 하지만 칭찬 주고받는 것에 익숙해진다면 선생님도 그 대상이 되는 게 낯설지만은 않다.

정보 나누기

효도 책 활용법

효도 책은 병풍 접기로 만든다. 병풍 접기는 책 만들기에서 가장 쉬운 방법이다. 이 방법으로 주제만 달리하면 학습 정리나 다른 학급운영에도 쉽게 쓸 수 있다. 마니또에게 쓰는 편지, 생일 편지, 한 학기 돌아보기 같은 학급운영에 병풍 접기를 활용해도 좋다. 이때 만드는 방법을 다 다르게 할 필요는 없다. 학생들이 쉽게 할 수 있는 서너 가지 방법으로 주제에 따라 활용하면 된다.

종이에 그린 선물

미술 시간에 신문이나 잡지에서 선생님에게 주고 싶은 것을 오려서 도화지에 작품으로 꾸민다. 작품 뒤에는 선생님에게 편지를 써서 선물한다. 이 활동은 어버이날에 부모님께 드리고 싶은 선물로 해도 좋다.

편지

1. 학생들에게 쓰는 편지

우리 반 교실은 앞문, 뒷문 구분 없이 다 쓸 수 있지만 보통 앞문으로 많이 다닌다. 학생들은 앞문으로 들어오면서 칠판 한구석에 눈길을 보낸다. 칠판을 보면서 자기 자리로 가거나, 그 앞에 서 있기도 한다. 칠판에 써 있는 편지를 보는 모습이다. 바로 '영근 샘 편지'다.

영근 샘 편지

아이들과 살다 보면 미안하고 부끄러울 때가 많다. 화를 내거나, 아이들 마음을 제대로 헤아리지 못한 채 섣불리 판단해서 실수를 하기도 한다. 그럴 때면 미안한 마음을 어떻게 표현할지 고민이 된다. 그래서 '영근 샘 편지'에 말 대신 글을 쓴다.

영근 샘 편지는 퇴근하기 전에 주로 쓰는데 요즘은 출근하면서 바로 쓰기도 한다. 학생들이 쓰는 글똥누기와 비슷하게 아침에 선생님이 쓰

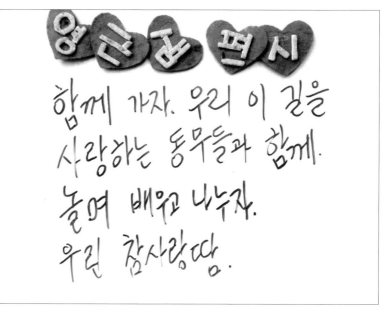

학생들한테 해 주고 싶은 말을 날마다 칠판에 남긴다. 미안했던 일, 좋았던 일, 바라는 점들을 말 대신 글로 전할 수 있어서 좋다.

는 한 줄 글쓰기가 된다. 편지 쓰기 전에 '우리 아이들에게 어떤 이야기를 해 줄까?' 하고 생각하는 그 시간이 참 좋다.

　보통은 그냥 사는 이야기를 가장 많이 쓴다. 월요일에는 한 주 행복하게 잘 지냈으면 좋겠다는 말을 주로 쓰고, 다른 요일에는 학생들에게 그때그때 해 주고 싶은 이야기를 쓴다. '일기 썼니? 일기는 참 좋은 것 같아. 선생님도 어제 일기를 썼어.' 일기 좀 쓰라는 잔소리를 영근 샘 편지로 대신한다. 미안한 마음이나 고마웠던 일도 남긴다. 할 말이 없을 때는 '사랑해.' 하고는 세 글자만 크게 쓴다. 짧은 말이지만 사랑한다는 말을 쓸 때 마음이 가장 크게 울린다. 가끔 재미를 위해서 아이들의 답글을 이끌기도 한다. '비가 오니 참 좋아. 이런 날 우리 뭐 하면 좋을까?' 하고 써 놓으면 몇몇이 답을 남긴다. 2학기가 되고 학생들과 많이 친해지면 학생들에게 대신 쓰라고도 해 본다.

학기 초에는 주에 한 편

영근 샘 편지는 보통 날마다 쓰지만 3월에는 웃음, 설렘, 행복, 사랑 같은 가치를 담아 주에 한 편만 쓴다. 글에 담긴 가치를 마음에 오래 담길 바라기 때문이다.

우리 반은 주마다 칠판에 '미덕 카드'를 하나씩 뽑아 놓는다. 카드에 담긴 가치 덕목도 칠판에 써 둔다. 미덕 카드는 감사, 배려, 사랑처럼 세계 모든 문화권에서 소중히 여기는 52가지 미덕을 담은 카드다. 주에 한 번은 영근 샘 편지에 그 덕목을 참고해서 쓴다. 카드에서 뽑은 가치 덕목을 우리 반에서는 어떻게 실천하면 좋을지 한 번 더 말해 주기 위해서다.

2. 학부모님께 드리는 편지

학부모와 담임이 마음을 주고받을 수 있는 방법에는 어떤 것들이 있을까? 여러 선생님들이 편지로 쓴 가정 통신문을 보내기도 한다. '영근 선생 편지'도 그런 노력으로 시작한 일이다. 에스엔에스는 마음을 제대로 담기에 한계가 있고, 가정 통신문은 형식을 갖춰야 하는 것 같아 부담스럽다. 조금 더 편하면서도 하고픈 말을 제대로 담을 수 있는 방법으로 찾은 것이 '영근 선생 편지'다.

영근 선생 편지

한글프로그램에서 한 장을 여섯 면으로 나누고, 첫 번째 면에 편지를 쓴다. 쓴 편지를 복사해서 나머지 다섯 면에 붙여 넣고, 반 학생 수만큼 출력한다. 하나하나 잘라서 학생들에게 주면 알림장이나 복습장에 붙여서 부모님께 보여 드린다. 영근 선생 편지는 한 주에 한 편씩, 보통 금요일에 아이들에게 준다.

영근 선생 편지에는 우리 반 이야기와 학생들의 모습을 담는다. 봄 나들이에서 자연을 살피는 아이들 모습, 치열하게 토론한 이야기, 수학 시간에 배움을 함께 나누며 공부하는 모습을 글로 쓴다. 우리 반에서 하는 행사도 소개하고, 가끔은 학생들이 한 말이나 쓴 글을 넣어 아이들 생각을 전할 수도 있다. 편지 맨 아래에는 '바람'이라고 해서, '집에서 아이들과 ○○를 했으면 합니다.' 하는 내용을 쓴다. 나들이 가기, 아이 노래 들어 보기 같은 것이다. 아이들과 함께할 수 있는 활동을 알려 드리는 공간이다.

아이들이 부모님께 바라는 게 있지만 직접 말하기 부담스러울 때가 있다. 영근 선생 편지가 이 바람을 대신 전하기도 한다. 가끔 편지 쓰기에 앞서, "어떤 내용으로 써 줄까요?" 하며 학생들에게 묻곤 한다. 그러면 학생들은 힘든 일이나 바람을 말하면서 편지에 담아 주길 바란다. 특히 시험을 본 다음에는 '이번에는 사회가 어려웠다.' '점수로 꾸중하기보다 격려해 달라.' 같은 내용을 꼭 써 달라고 부탁한다.

부모님 반응

부모님은 영근 선생 편지를 읽고서 그 밑에 답글을 써 준다. 월요일

영근샘 편지-5호.

2013년이 두 달 남았어요. 시간이 참 빠르네요. 우리 사랑이들도 시간만큼 커 가는 모습이 눈에 보여요. 몸도 마음도.

이번 편지는 제 소식 하나 전할게요. 지난주에 제가 쓴 책이 한 권 나왔어요. 토론 책이네요. <따뜻한 교실토론>(이영근, 에듀니티)이란 제목이네요. 몇 해 동안 토론한 이야기를 담았어요. '따뜻한 토론'이란 '말만 아니라 삶으로 이어지는 토론', '함께 성장하는 토론', '다름을 인정하는 토론'이라 말하고 있어요. 오늘도 우리는 '빼빼로 데이'로 1대1 토론을 했죠. 기술만이 아닌 삶을 가꾸는 따뜻한 토론을요.

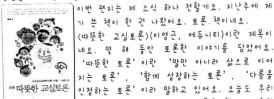

창 너머 햇살이 참 좋아요. 날씨는 차가워지지만 바람이며 햇살이며 하늘이 더 없이 좋네요. 나무 가득 내려앉은 빛깔마저.

흘러가는 2013년의 가을 끝자락, 만끽해 보세요.

이번 주 바람: 어릴 때 내 모습과 아이 모습 견주어보기 (11/04)

네. 선생님. 책내용이 너무 궁금해지네요. 토론과 함께 아이들이 쑥쑥 커가고 있는것 같아요. 그리고 선생님말씀처럼 가을이 지나가버리기전에 좀더 만끽해봐야겠어요!

진실 강
윷 제철로
잘 커요. ○○
전으옥은 중 뻔

'영근 선생 편지'는 작은 종이에 한 주 동안 교실에서 지낸 이야기를 빼곡하게 적어서 아이들 알림장이나 복습장에 붙인다. 부모님들은 여기에 깨알같이 답글을 써 준다.

아침에 가장 큰 즐거움은 부모님 답글을 보는 시간이다. 작은 공간에 한 자라도 더 쓰려고 깨알같이 쓰기도 하고, 자리가 모자라 뒷장을 넘겨 써 주는 분들도 있다. 정성스러운 답글을 보면서 행복하기도 하고 계속 편지를 쓸 수 있는 힘도 얻는다. 어떤 글을 쓸지 고민하는 선생님 모습도, 편지에 답글을 남기는 부모님 모습도, 부모님이 쓴 글을 담임에게 보여 주는 아이 모습도, 모두 소중하다.

● **부모님 답글**

• 편지 식으로 이야기 나누는 장이 있는 것이 아이들의 생각과 이야기를 알 수 있어서 아주 좋습니다.

• 친근한 편지 글로 인해 저의 마음도 따스함이 전해지는 듯하여 행복합니다.

• 그동안 학교 생활을 어떻게 지냈는지, 선생님과 교우 사이는 어떤지 알 수 없었는데 작은 배려와 관심에 감사드립니다. 지속적으로 부탁드립니다.

• 제가 직장맘이라 학교 일 있을 때 참석 못할 때도 있어 맘에 걸렸는데 왠지 선생님 말씀을 들으니 일 년이 든든할 것 같아요. 감사합니다.

특별호 활용 방법

가끔은 영근 선생 편지 특별호를 보낸다. 개학하는 날은 개학호, 방학하는 날은 방학호를 내보낸다. 학부모 총회를 한 뒤에는 총회에서 나눈 이야기, 어린이날에는 우리 아이들은 모두 사랑받을 가치가 있다는 이야기를 담는다. 그렇게 보낸 특별호가 한 해에 10개쯤 된다.

영근 선생 편지는 주마다 보내는 것과 특별호를 묶어서 연말 학급 문집에 함께 싣는다. 영근 선생 편지 1년 기록은 곧 우리 반 한해살이 기록이기도 하기 때문이다. 또 한 호 한 호 쓸 때마다 그 내용을 학급 누리집에도 올려 둔다. 어쩌다 영근 선생 편지를 못 본 부모들도 아무 때나 쉽게 볼 수 있다.

한 주 돌아보기

영근 선생 편지는 한 주를 돌아보는 글쓰기다. 지난 한 주 돌아보기는 학생들과 같이 한다. 아이들은 금요일 오후에 5분에서 10분 정도 시간을 갖고 이번 한 주를 돌아보며 하고픈 말을 글똥누기로 쓴다. 선생님이 '영근 선생 편지'를 쓸 때 학생들은 '한 주를 돌아보는 글똥누기'를 하면서 지난 시간을 같이 생각해 본다.

영근 선생 편지는 따로 편지를 내보내야 하니 부담이 될 수 있다. 그렇다면 주간학습안내를 활용해 보자. 아래에 짤막하게 가정 통신문란이 있으니 한 줄이라도 부모님께 하고 싶은 이야기를 담으면 된다. 그것도 마음을 나누는 좋은 징검다리가 될 수 있다. 중요한 것은 형식이 아니라 하려고 하는 마음 그 자체다. 담는 그릇은 다 다를 수 있다.

3. 징검다리

'1학년 학부모는 1학년 학생과 같다.'는 말을 가끔 한다. 특히 아이를 처음으로 학교에 보내는 학부모는 더 그렇다. 유치원과 달리 학교가 어떻게 돌아가는지, 학생들은 어떤 배움을 쌓는지, 또 아이들이 바르게 성장하기 위해 집에서는 어떻게 해야 하는지 궁금한 것투성이다. 그런 1학년 학부모들을 위해 '징검다리'를 쓰기 시작했다.

학교생활 알려 주기

징검다리는 학교생활이 궁금한 학부모들을 위해 하루하루 알림장을 편지 형식으로 쓴 것이다. 집에 알리고 싶은 일, 같이 어울려 살아가는 데 도움이 되는 말, 집에서 좀 더 챙겨 줘야 할 일, 과제 이야기, 다음 날 준비물 같은 것을 글로 푼다. 또 부모님께 하고 싶은 말이나 우리 반 사는 이야기도 함께 담는다.

알림장을 편지로 쓰게 된 또 다른 까닭은 1학년 학생들이다 보니 아직 글자를 제대로 모르는 경우가 있어서다. 모르는 글자를 그림처럼 따라 그려야 하고, 손에 힘도 약해서 알림장을 날마다 쓰는 게 아이들에게 무척 힘든 일이었다. 그래서 선생님이 직접 편지처럼 알림장을 써 주는 방식을 생각했다.

● 징검다리 예시 글

교실 모습을 그려 봅니다. 아침에 오면 실내화 주머니를 잘 넣은 뒤 공손한 인사, 껴안기 인사로 저랑 만납니다. 자기 자리로 가서 책을 정리합니다. 수업을 시작하면 눈을 감고 제가 기타 치며 부르는 노래를 듣고 공부를 시작합니다. 오늘은 사물함 정리와 주말에 있었던 일 발표를 했습니다. 토요일 다 하지 못한 '반쪽이' 이야기도 했답니다.

마칠 때는 징검다리를 붙이고, 가방을 챙긴 뒤 만날 때와 마찬가지로 저랑 인사를 나눕니다. 청소는 아직 하지 않습니다. 준비물에 청소 도구를 알려 드리니 챙겨 주세요. 조금씩 청소를 할 수 있도록 연습하겠습니다. 집에 갈 때 육교까지 함께 갑니다.

조금씩 천천히 하나가 되겠습니다. 욕심 내지 않고요. 내일은 색연필이 필요한 수업이니 꼭 챙겨 주세요. 종합장(살아 있는 그림 그리기)이 있어야 합니다. 풀이 있어야 징검다리를 붙일 수 있답니다. 학용품엔 꼭 이름을 붙여 주세요!

2007년 3월 5일 이영근.

1학년 알림장

1학년 학생들이 알림장을 직접 쓰면서 글자를 익히고, 스스로 준비물을 챙기도록 지도하는 것도 좋다. 꼭 필요한 일이기도 하다. 1학년 학생들 알림장을 징검다리로 하든, 학생들이 직접 쓰든 교사의 교육관에 따라 달라질 수 있다. 만일 두 가지를 다 활용한다면 1학기는 징검다리, 2학기는 알림장을 학생들이 직접 쓰는 것도 좋겠다.

학생들과 이어 주는 징검다리

징검다리는 알림장이면서 동시에 학부모에게 쓰는 편지다. 학생들에게 징검다리를 나눠 주면 받자마자 내용부터 먼저 살핀다. 그러면서 웃기도 하고, 이것저것 묻기도 한다. 학부모에게 쓰는 내용이지만 그 내용은 학생들에게도 그대로 전해진다. 그래서 글을 조금이라도 더 쉽게 쓰려고 애썼다.

날마다 징검다리를 쓰니, 우리 반이 살았던 한 해 모습이 고스란히 담겨 소중한 기록이 되었다. 그래서 학생들과 헤어질 때 이 징검다리로 문집을 엮어 나누어 가졌다. 이 문집은 시간이 꽤 지난 다음 다시 봐도 그때 기억을 생생하게 떠올려 주는, 추억으로 가는 징검다리 몫을 톡톡히 하고 있다.

아름다운 마무리

1. 학기 말, 학년 말 행사

학기 말, 학년 말은 학생들과 지낸 학급살이를 돌아보는 시간이다. 아이들과 조금은 여유를 즐길 수 있는 때이기도 하다. 학생들에게 남은 시간에 무엇을 하고 싶은지 물어본다. 추억을 만들자, 나들이 가자, 여행을 가자, 마니또를 하자, 많은 이야기들이 쏟아진다. 그 이야기들은 되도록 다 받아 주려고 한다. 다만 여러 가지 행사로 아이들이 들뜨기 마련이라서 보통 때 하던 공부를 제대로 챙기면서 다른 때보다 더 정신을 바짝 차린다.

마니또

학생들은 마니또를 좋아한다. 비밀천사라고도 한다. 무작위로 뽑은 친구를 한 주 동안 도와주고, 그 친구가 바라는 것을 몰래 해 주는 일이다. 마니또를 할 때 작은 종이에 자기 이름과 마니또에게 바라는 것,

친구들이 만들어 준 상장을 아이들은 소중하게
간직한다.

그리고 받고 싶은 선물을 쓰게 한
다. 선물은 천 원에서 이천 원 사
이로 한정한다. 그렇게 쓴 종이를
모아서 상자에 넣고 자기 마니또
를 뽑는다. 한 주가 지나면 마니또
를 발표한다.

친구에게 주는 상

친구의 장점을 살려서 그에 어
울리는 상을 주는 시간도 갖는다.
보통은 자기가 친한 동무에게 상
을 주고 싶어 한다. 하지만 우리 반은 무작위로 뽑아서 모두가 상을 받
게 한다. 학생들은 친구가 만들어 주는 상을 굉장히 좋아하고 소중하
게 간직한다.

우리가 여는 하루

하루 종일 학생들이 바라는 활동을 하는 날이다. '교실 썸머힐'이라
고도 한다. 영화 보기, 축구나 피구 하기, 음식 만들기 같은 것들을 한
다. '우리가 여는 하루'가 다가올수록 아이들은 설레는 마음으로 그날
을 준비하고 기다린다.

이 가운데 영화 보기는 학기 말에 가장 많이 하는 활동이다. 학생들
과 어떤 영화를 볼지 이야기를 나누기도 하고 선생님이 보여 주고픈
영화를 보러 가기도 한다.《영화를 함께 보면 아이의 숨은 마음이 보인

다》(차승민 글, 전나무숲) 책을 미리 보면 도움이 된다. 아울러 초등토론 교육연구회 인터넷 카페에 있는 영화토론 게시판도 참고하면 좋다.

우리 반 10대 사건

1학기, 2학기 말에 우리 반 10대 사건을 뽑는다. 보통 주말 과제로 내주는데 지금까지 우리 반에서 가장 기억에 남는 열 가지를 뽑아 오게 한다.

먼저 한 명씩 돌아가면서 자기가 생각하는 10대 사건을 발표한다. 다른 친구가 하나하나 발표할 때마다 자기 것과 같은 내용일 때는 손을 든다. 손을 든 숫자를 발표한 내용 옆에 쓰고, 그 숫자가 많은 것 순으로 10대 사건에 들어간다. 학생 모두가 10대 사건을 이야기하면 한 학기에 60가지 정도는 나온다. 아이들마다 교실 삶에서 자기에게만 남는 특별한 무언가가 있는 것이다.

● **2013년 5학년 3반 1학기 10대 사건**

1. 물놀이(18명) 2. 기타 동아리(17명) 3. 나들이(17명) 4. 음식 만들기(15명) 5. 마니또(13명) 6. 영근 신화(12명) 7. 운동회(12명) 8. 아침햇살(10명) 9. 교실에서 영화(10명) 10. 마을 세우기(8명)

• 그 밖에 사건들 : 사회 발표(8명), 기말고사(6명), 옛이야기(6명), 스포츠클럽 대회(5명), 영근신표 비빔밥(5명), 토론(5명), 문집(4명), 밥친구(4명), 첫날 노래(4명), 먹방(3명), 엠비시 방송(3명), 공원에서 연극(3명), 학급회의(3명), 피구 연습(3명), 개미 키우기(3명)

담임 평가

학급운영 누리집에 올라와 있는 여러 양식을 써도 좋고, 우리 반에 필요한 것으로 간단하게 만들어서 해도 좋다. 학생들이 써 준 평가는 다음 학기, 다음 학년을 준비하는 데 가장 좋은 도움이 된다. 학부모에게도 평가를 받는 것이 좋다. 교원능력개발평가 결과도 있지만, 그것과 별개로 우리 반 학생들에게 필요한 항목으로 받는 것이 좋다.

골든벨

문제를 맞히면서 1년 동안 우리 반이 지내 온 모습을 돌아보는 놀이다. 문제는 선생님이 직접 내거나, 학생들이 한두 문제씩 만들어 보기도 한다. 골든벨을 할 때 문제를 낸 사람은 말하지 않도록 미리 약속을 정한다. 즐기는 자리인 만큼 떨어트리는 방식보다는 모두가 함께 풀면서 누가 더 많이 맞혔는지 알아보는 방식으로 한다.

지난 모둠과 만남

우리 반은 한 학기에 모둠이 세 번 정도 바뀐다. 1년 동안 같이 활동했던 모둠원들이 다시 만나서 하루 이틀 보내는 시간을 가진다. 지난 모둠과 만나서 같이 공부도 하고, 그때 있었던 시간도 돌아본다. 간단한 먹을거리를 준비해서 만나면 분위기가 더 좋다.

종이비행기 만들기

학기 말이나 학년 말에는 특수 목적을 제외하고는 대부분 교과서를 재활용품으로 쓴다. 이 교과서로 종이비행기를 만들어 놀 수 있다. 종이비행기에는 하고 싶은 말이나 자기 꿈을 써도 좋다. 함께 만든 종이 비행기를 가지고 바깥에 나간다. 교실에서 날리면 자칫 위험할 수도 있다. 조금 높은 곳에서 한꺼번에 날리면 그 모습이 정말 멋지다.

친구가 보는 나

한 해를 살며 친구들은 나를 어떻게 볼지 많이들 궁금해한다. 그래서 '친구가 보는 나' 활동을 한다. 학생 이름이 모두 적혀 있고, 이름 옆에 좋은 점과 아쉬운 점을 쓸 수 있도록 빈칸이 있는 종이를 나눠 준다. 양면으로 만들면 칸을 넓게 할 수 있다. 학생들은 친구들 이름 옆에 좋은 점과 바라는 점을 정성껏 쓴다. 다 쓰는 데는 한두 시간쯤 걸린다.

학생들이 쓴 것을 모두 받아서 복사한 다음 다시 나누어 준다. 학생들은 자기 것을 받아서 종이에 붙인다. 종이 맨 뒤에는 친구들이 쓴 글을 보면서 든 생각과 다짐을 쓰도록 한다. 이 종이는 부모님께도 보여 드리게 한다.

운동장에서 헤어지기

방학하는 날은 운동장에서 간단한 놀이를 하면서 헤어질 때가 많다. 이때 자주 이용하는 곳은 미끄럼틀이다. 선생님은 미끄럼틀 위에 미리 올라가 있는다. 학생들이 한 명씩 올라오면 가위바위보를 한다. 진 학생은 미끄럼틀을 타고 내려가서 다시 줄을 선다. 이긴 학생은 선생님과 껴안기 인사를 하고 집으로 간다.

2. 학급 학예회

1학기는 '참사랑땀 어울림 잔치', 2학기는 '참사랑땀 마무리 잔치'라는 이름으로 학급 학예회를 한다. 1학기 잔치는 우리들끼리 둘러앉아서 소박하게 꾸린다. 어떤 때는 바로 전날에 학예회 날짜를 정하기도 한다. 2학기 잔치는 준비를 조금 많이 한다. 어떤 규모로 하든 학급 학예회는 한 학기 또는 한 해를 즐겁게 마무리하는 소중한 시간이다.

함께하는 잔치

우리 반 학예회는 모두가 참가하는 것이 기본이다. 잘하든 못하든 앞에 나가서 자기가 할 수 있는 장기를 하나씩 보여 줘야 한다. 시를 낭송해도 되고 줄넘기를 넘어도 된다. 장기자랑 시간에 남들보다 잘하는 것이 아닌 자기가 좋아하는 것을 발표한다면 모두가 참여할 수 있다.

함께하는 잔치니까 손님이 오면 좋다. 1학기 잔치 때는 우리끼리만 하지만 2학기 때는 손님을 모신다. 바로 학부모다. 부모님들은 자기 아이가 춤을 추건 노래를 하건 틀려도 예쁘고, 잘해도 예쁘다. 그러니 학예회 준비한다고 아이들을 너무 옥죄지 않으려고 한다. 부모님들이 올 때 먹을거리를 조금씩 가져오면 학예회 마치고 음식 나눠 먹기를 할 수 있다. 부모님들이 준비한 음식을 아이들과 함께 먹는 시간도 좋은 추억으로 남는다.

특별 무대로 학부모들을 무대에 올리기도 한다. 우리 반은 아버지 모임을 하는 덕에 아버지들이 앞에 나가서 노래를 부르기도 한다. 선생님도 '영근 샘의 무대'라는 이름으로 노래를 한 곡 한다. 모둠이 함께하는 활동도 넣는다. 부모님들이 우리 아이가 친구들과 함께 어울리는 모습도 보고 싶어 하기 때문이다.

학기 말 잔치는 한 학년을 마치는 자리이므로 아이들에게 작은 선물이라도 주면 그 자리가 더 풍성해질 수 있다. 친구에게 주는 상장을 이때 나눠도 좋고 그날에 맞춰 나온 문집을 아이들에게 줄 수도 있다.

학예회 진행을 누가 할 것인지도 고민이다. 보통 회장이 하거나 선생님이 진행하는 교실이 많다. 우리 반에서는 회장단이 여는 인사만 하고, 나머지는 무대에 서는 아이들이 직접 한다. 특별히 사회자 없이 자기들 스스로 소개하는 식으로 진행하고 있다.

어울려 춤추기

학생들 모두가 어울려 춤을 추는 것도 마무리 잔치에 잘 어울린다. 같이 연습하면서 웃고 즐길 수 있고, 공연하는 날도 즐거움이 크다. 학부모와 담임도 함께 어울리는 게 좋다. 저학년이라면 춤추는 시간을 꼭 넣도록 한다. 이때는 마지막 무대가 어울린다. 학예회에 어울리는 춤은 '초등참사랑 동영상교육자료' 인터넷 카페를 참고하면 된다.

눈 가리고 자기 아이 찾기

학부모가 안대를 하고 손으로 자기 아이를 찾는 놀이다. 키가 비슷한 학생들이 의자에 앉은 다음 그 뒤에 학생 학부모가 선다. 학부모가 안대를 하는 동안 학생들은 조용히 자리를 바꾼다. 잔잔한 음악이 흐르면 안대를 한 학부모들이 손으로 만져서 자기 아이를 찾는다. 다 찾았으면 그 뒤에 선다. 학부모가 다 오지 않았을 때는 희망하는 사람만 하도록 한다.

무엇이든 닥쳐서 하려면 힘들다. 문집도 그렇고 학급 학예회도 마찬가지다. 그때 맞춰서 새로운 것을 하려면 가르치는 선생님이나 학생 모두 부담스럽다. 학년 초부터 교과 지도와 학급운영에서 학급 학예회를 고려한 활동을 꾸준하게 준비한다. 한 해 동안 차근차근 쌓아 온 모습을 학예회라는 무대를 빌려 보여 주는 형식이다.

3. 졸업식

6학년 학생들과 맞이하는 졸업식은 무척 소중한 시간이다. 우리 반은 졸업식 전에 모둠별로 전지를 하나씩 주고 꾸미게 한다. '부모님 사랑해.' '아빠 엄마 사랑해.' 이런 글자와 그림으로 전지를 꾸며서 교실 배경으로 삼는다. 칠판 가득 온갖 낙서도 있다. 어느 교실이든 비슷하다.

졸업식 날에는 담임으로서 정성을 다하고 싶은 마음에 한복을 곱게 차려 입고 아이들 졸업을 축하해 준다.

우리 반만의 졸업식
보통 졸업식은 전체 방송으로 할 때가 많다. 방송이 끝난 뒤에 교실에서 하는 졸업식을 우리 반만의 특별한 행사로 꾸민다. 먼저 부모님

아이들한테 정성을 다하고 싶은 마음에 한복을 차려 입고 온힘을 다해 노래를 부른다. 그렇게 노래로 아이들을 꼭 껴안으며 한 명 한 명 떠나보낸다.

가운데 편지 낭송할 분을 한두 분 모신다. 부모님이 아이 모르게 써 둔 편지를 교실에서 읽을 때면 우는 분들이 많다. 이제는 어른이 된 옛 제자들이 와서 졸업 축하 이야기하는 시간도 갖는다.

기타 동아리 공연도 있다. 졸업식에 어울리는 노래를 준비해서 분위기를 차분하게도, 신나게도 이끈다. 기타 연주에 맞춰 아이들, 학부모들이 함께 노래를 부를 때 미리 준비했던 우리 반 한해살이를 담은 사진을 텔레비전으로 보여 준다. 모두들 마음이 뭉클해지는 순간이다.

부모님이 직접 주는 졸업장

학생들에게 상과 졸업장, 그리고 앨범을 줄 때 부모님들이 직접 전달하도록 하고 있다. 한 명, 한 명 이름을 부르면 학생과 부모님이 함께 나온다. 부모님은 선생님에게 전달 받은 것을 다시 아이에게 건네준다. 졸업장이나 상장 내용도 부모님이 직접 읽는다. 6년을 잘 키워 준 부모님과 잘 살아 낸 아이들이 서로 고마운 마음을 주고받는 시간이다.

졸업식 잔치가 끝난 뒤에는 학생 한 명, 한 명을 돌아가면서 껴안아 준다. 그리고 세 가지를 이야기한다.

'미안하다.' '고맙다.' '사랑한다.'

졸업하는 날, 아이들에게 무엇을 해 줄 수 있을까 고민했다. 고민 끝에 선택한 것이 노래다. 불러 줄 노래는 변진섭이 부른 '새들처럼(지근식 작사, 작곡)'과 강산에의 '넌 할 수 있어(강산에 작사, 홍성수 작곡)'다. 땀을 흘리며 정말 열심히 부른다. 그렇게 아이들을 노래로 꼭 껴안으며 한 명 한 명 떠나 보낸다.

놀이처럼 즐겁고
재미난 학급운영

이호철

    이영근 선생, 하면 먼저 떠오르는 건 언제나 밝고 생기 넘치는 모습입니다. 내가 알기로는 처음 만나는 사람에게도 먼저 스스럼없이 반갑게 인사를 건네면서 상대가 어려워하지 않도록 하는 재치도 있습니다. 무슨 일을 이끌어 가다 실수할 경우에도 당황하지 않고 껄끄럽지 않게 다시 잘 이끌어 가고요. 잘못했을 경우에는 어물쩍 넘기지 않고 깨끗이 받아들이고 잘못되었음을 또렷이 밝히면서도 상대 마음이 불편해지지 않도록 하기도 합니다. 솔직히 말하면, 나는 그 능력이 많이 모자라 그런 사람을 보면 살짝 샘나기도 합니다.

    이런 선생이 담임하는 학급은 어떨까요? 언제나 즐겁고 생기 넘칠 수밖에 없으리라는 건 쉽게 알 수 있을 것입니다. 이 선생은 오래 전부터 아이들과 아주 즐겁고 행복하게 살아오고 있고, 그렇게 실천한 것을 여러 선생들과 나누고 있다는 것을 이런저런 곳에서 보고 들어 이미 잘 알고 있습니다.

이번에 이 선생이 아이들과 함께한 학급활동의 여러 모습을 모아 이렇게 책으로 담아낸다고 하니 더욱 반갑습니다. 나의 학급활동 이야기를 담은 책 《살아 있는 교실》은 나온 지 벌써 10년도 더 되었네요. 그간 학급운영에 도움이 되었다는 선생들도 더러 있었지만 지금은 여러 가지가 변하고 바뀌어 현실과 맞지 않는 부분도 있어 이제는 새로운 무엇이 나왔으면 싶었는데 이렇게 나오게 된 것입니다. 무슨 일이든 내가 열심히 이루어 놓은 것을 혼자만 갖거나 묻어 두지 않고 여러 사람들과 나누고자 하는 마음은 진정으로 그 일을 사랑하고, 더 넓혀 가야겠다는 마음 없이는 나올 수 없는 것 아니겠습니까.

학급운영에서 먼저 생각해야 할 것

학급운영을 해 나가려면 조금 둘러 가더라도 여러 빛깔 아이들이 제 빛을 내면서 스스로 자랄 수 있는 자율성을 잘 살려야 하잖습니까. 그런데 나는 좀 엄하게 밀고 나가기도 해서 아이들이 힘들어할 때도 더러 있었습니다. 아이들의 마음을 얻지 못하고 선생이 멋대로 밀고 나가면 좀 더 빠르게 목표를 이루고 때에 따라서 보람도 더 느낄 수는 있겠지만 거기까지 가는 과정에서 아이들이 누려야 할 즐거움이나 행복감은 그만큼 줄어들지 않겠습니까.

이 선생은 지금 아이들의 생활양식에 맞추면서 자신도 거기에 빠져 아이와 함께 즐겁고 재미나게 생활해 나갑니다. 그러면서도 깨우쳐 줄 것은 깨우쳐 주고 심어 주어야 할 것은 꼭 심어 주고 있지요.

학급운영에서 정말 먼저 생각해야 할 건 아이들이 즐겁고 재미있어서 학교에 오고 싶도록 하는 것입니다. 다만 우스개 놀이할 때와 같은 즐거움과 재미가 아니라 학습활동을 비롯해 학급의 모든 활동을 해 나가는 과정에서 활동 자체가 즐겁고 재미있어야 한다는 말입니다. 더 나아가서는 조금은 힘겹지만 땀 흘리는 즐거움과 무엇을 이루었을 때 얻을 수 있는 성취감이나 보람에서 오는 즐거움이라야 하고요.

그것의 바탕에는 이 선생도 말했지만 무엇보다 진실로 아이들을 사랑하는 마음이 있어야 합니다. 더 나아가서는 아이를 위해 온몸을 바치겠다는 마음도 단단히 되어 있어야 하고요. 승진 출세에 눈 돌리지 않고 오직 끝까지 아이와 함께 하겠다는 의지가 없다면 아예 선생의 길로 들어서지 말아야지요.

또 중요한 것은 의식을 바로 세우는 것입니다. 세상의 온갖 그릇된 것에, 그릇된 인간에게 휘말리지 않고, 휘둘리지 않고, 스스로 따르지 않고, 내 의식을 바로 세워서 아이들 앞에 서기란 쉽지 않습니다. 하지만 선생은 부모 다음으로 한 아이의 삶에 크게 영향을 끼칠 수 있는 사람이란 걸 잘 안다면 자기의식이 서 있는 교육관 없이 위에서 지시하는 대로만 무조건 따르거나 다수가 옳다는 것에 무조건 따르기만 하는 의식 없는 사람이 되어서는 안 될 것입니다.

선배 선생들을 잇는 실천 기록

이 선생이 아이들과 함께한 이 실천 기록을 보면 새로운 것도 많지만 여러 선배 선생들이 해 온 것을 현실과 자신에게 잘 맞추어 고치고 더 발전시켜 활동한 것이 많습니다. 이렇게 끊임없이 한 걸음씩 더 나아가는 것이지요.

그러면 내가 새롭게 본 몇 가지만 살펴보겠습니다. 이 선생은 새로

맞이하는 아이들 앞에 밝은 표정으로 서기 위해 거울 보고 웃는 연습을 한다고 했습니다. 얼굴에 나타나는 표정은 타고난 것도 있지만 대부분 습관인데 늘 찡그리는 표정을 많이 짓던 사람은 어떤 경우에도 찡그린 표정을 짓기가 쉽지요. 그러니 아이들 앞에 밝은 표정으로 서려면 연습도 해야 합니다. 별것 아닌 것 같지만 참 중요합니다.

그리고 이 선생은 날마다 아이들의 상태를 하나하나 잘 살피려고 애쓰고 있습니다. 아무리 잘 살피려고 애써도 눈이 미치지 못하는 곳도 있을 수밖에 없습니다. 그럴 때 아이들 스스로 제 몸과 마음 상태를 알려 주면 한결 편하게 더 잘 알 수가 있지요. 선생이 아이의 상태를 잘 알면 아이가 조금 언짢은 행동을 해도 무조건 나무라지 않고 그 마음을 이해하고 받아들여 주며 아이의 어려움을 풀어 주려고 노력할 것입니다. 이 선생은 '아침 기분 판'을 만들어 아이들 자신의 마음 상태를 감정카드나 색깔로, 또는 한두 줄 글로 적어 표시하도록 한다고 합니다.

빛깔 있는 학급활동의 본보기

또 애써서 하는 활동 가운데 배움짝 활동이 있습니다. 말하자면 사람마다 잘하는 것도 있고 못하는 것도 있는데 잘하는 것을 서로 나누는 것이지요. 한쪽은 도움을 주기만 하고 다른 쪽에서는 받기만 한다면 받는 아이는 매우 수치심을 느끼기 쉽지만 무엇이든 잘할 수 있는 것을 서로 주고받으면 그런 것이 없어지고 평등해지지요.

이 선생은 《와글와글 토론 교실》이란 토론 관련 책도 이미 내었지요. 토론학습이 중요한 만큼 지도에 무척 애쓰고 있습니다. 토론을 지도해 보면 아이들이 빠짐없이 적극 토론에 참여하도록 이끈다는 건 쉽지 않습니다. 이 선생이 실천한 토론 방법을 여러 선생들도 적극 활용했으면 싶습니다.

이 선생의 학급활동 기록에는 그 밖에도 빛깔 있는 여러 가지 활동, 온몸으로 배우는 활동, 학부모와 함께하는 활동 같은 다양한 활동 모습이 많이 담겨 있습니다.

끝에는 학예회와 마무리 잔치로 일 년을 마감합니다. 나는 특히 학급마다 학기 끝이나 학년 끝에 학예회는 꼭 했으면 합니다. 누구에게 보이기 위해 하는 게 아니라 일 년 동안 열심히 활동한 것을 종합 정리하고 아이들이 내가 이만큼 했구나, 하는 보람을 느끼도록 해 주기 위해서입니다.

발표를 위해 일부러 새로 힘들게 무엇을 하는 게 아니라 한 해 동안 활동하면서 나온 결과물을 전시하면서, 노래나 악기 연주를 비롯해 그간 닦은 실력은 무엇이든 마음껏 발표해 보도록 하는 것입니다. 아이들은 이때 더 쑥쑥 자라기도 하거든요.

이 선생의 기록에서 더 욕심을 낸다면 분야별로 더욱 구체로 자세히 알려 주었으면 하는 것입니다. 앞으로 더 깊이 있는 좋은 자료를 동료 후배 선생들에게 많이 나누어 줄 것이라 믿습니다.

아이들과 함께 행복한 선생

다른 자리에서도 말했지만 학급운영을 해 나갈 때 다른 사람이 실천한 것이 좋다고 가져와 해 보면 잘 안 되는 경우도 많습니다. 아이도 다르고, 환경도 다르고, 교사의 생각이나 양식도 다 다르기 때문입니다. 여기 이영근 선생의 학급운영을 바탕으로 하든 자신이 하고 있는 것을 바탕으로 하든 먼저 자기 나름의 뼈대를 만들고 거기에 채워 나가면서 온전한 자기 것으로 만들어야 합니다.

아이들 학습지도를 하면서 생활지도도 해야 하고 행사와 사무까지 다 해 나가자면 얼마나 바쁩니까. 그러니 여기 기록된 모든 것을 다 잘하기는 어렵습니다. 형편에 맞게 꼭 해야 할 것을 잘 찾아서 실천하기 바랍니다. 마음처럼 잘 안 된다고 너무 실망하지도 맙시다. 노력하는 만큼 나는 지금 발전하고 있는 중이니까요. 그리고 너무 잘하려고 욕심내지도 맙시다. 그러면 오히려 더 힘겨워지고 지레 지치게 되니까요. 여기 이영근 선생처럼 아이들과 함께 놀이하는 것처럼 즐겁고 재미나게 학급운영을 해 나가는 행복한 선생이 되길 바랍니다.

이호철

한글글쓰기교육연구회 회원으로 활동하며 아이들 삶을 가꾸는 글쓰기 교육을 몸소 실천했습니다. 35년 넘게 경상북도에 있는 초등학교에서 아이들을 가르치다 2014년 퇴임했습니다. 쓴 책에 《살아 있는 교실》《살아 있는 그림 그리기》《감동을 주는 부모 되기》《이호철의 갈래별 글쓰기 교육》들이 있습니다.

살아 있는 교육 35

초등 학급운영 어떻게 할까?
초등참사랑 이영근 선생님의 행복한 교실 만들기

2016년 3월 14일 1판 1쇄 펴냄 | 2021년 8월 23일 1판 7쇄 펴냄

글쓴이 이영근

편집 김로미, 박세미, 이경희, 조혜원
디자인 오혜진 | **제작** 심준엽 | **교정** 김성재
영업 나길훈, 안명선, 양병희, 원숙영, 조현정
새사업팀 조서연
독자 사업(잡지) 정영지
경영 지원 신종호, 임혜정, 한선희
인쇄와 제본 ㈜상지사 P&B

펴낸이 유문숙 | **펴낸 곳** ㈜도서출판 보리 | **출판 등록** 1991년 8월 6일 제9-279호
주소 (10881) 경기도 파주시 직지길 492
전화 031-955-3535 | **전송** 031-950-9501
누리집 www.boribook.com | **전자우편** bori@boribook.com

ⓒ 이영근, 2016

보리는 나무 한 그루를 베어 낼 가치가 있는지 생각하며 책을 만듭니다.

ISBN 978-89-8428-912-3 03370

이 도서의 국립중앙도서관 출판예정도서목록(CIP)은 서지정보유통지원시스템 홈페이지
(http://seoji.nl.go.kr)와 국가자료공동목록시스템(http://www.nl.go.kr/kolisnet)에서 이용하실
수 있습니다.
(CIP제어번호: CIP2016005836)